KB236431

아침부터 밤까지

생활 속의
중국어 단어

생활 속의 중국어 단어

펴낸날 2016년 3월 20일
지은이 정희경
교 정 송영은
펴낸이 배태수 ___**펴낸곳** 신라출판사
등 록 1975년 5월 23일 제6-0216호
전 화 02)922-4735 ___**팩 스** 02)922-4736
주 소 서울 구로구 중앙로 3길12 (서봉빌딩)
북디자인 디자인 디도

ISBN 978-89-7244-110-6   13720

*잘못된 책은 구입한 곳에서 바꾸어 드립니다

아침부터 밤 까지

생활 속의
중국어 단어

정희경 엮음

신라출판사

머리말

오늘날 우리들은 세계화 속에서 살고 있으며, 중국어는 일상생활에서 필요한 언어가 되었다. 우리들이 중국 여행을 할 때 뿐만 아니라 중국에서 국내로 들어오는 여행객들의 숫자 또한 예전과는 비교할 수 없을 정도로 많아졌다. 거리마다 넘쳐나는 관광객 등을 자주 만나게 된다.

이 책은 이러한 현실을 반영해 하루 일과 속에서 우리가 꼭 필요한 중단어를 자연스럽게 말할 수 있도록, 아침부터 밤까지 하루 동안에 이루어지는 모든 일상생활에 필요한 중국어 단어를 찾아볼 수 있도록 엮은 교재다. 삽화를 중심으로 상황을 연상하기 쉽게 정리되어 있으므로 자신의 주변에 있는 것이나 재미있다고 생각나는 것부터 익히면 된다.

Part 1 아침편에서는 하루를 시작하며 준비하는 언어들, Part 2 업무편에서는 교통수단 및 직장에서 사용하는 언어들, Part 3 일상생활편에서는 여행, 스포츠, 민원업무 등에 관한 언어들, Part 4 밤편에서는 하루를 정리하는 말들, 약속 모임이 있는 음식점, 호텔에서 사용하는 언어들로 구성하여 그 속에서 일어나는 일과 연결된 중단어들을 즉석에서 표현할 수 있도록 하였다. 또한 각 장의 테마별 단락에서는 그림으로 표현한 후, 중국어와 한글로 발음을 함께 표기해 놓았기 때문에 원하는 내용을 누구나 쉽게 찾아볼 수 있도록 하였다.

단어만 알고 있다고 어떤 것이나 의미가 통한다는 뜻은 아니지만 회화는 단어와 단어의 연결이므로 필요한 단어를 모르면 어찌할 도리가 없다. 지금 여러분 주위에 있는 일상 생활용품 등을 중국어로 말할 수 있는지 확인해 보기 바란다. 일상적인 단어는 당연히 기본적인 것이기에 취급되지 않았거나 취급되었다 해도 막상 잊어버리기 쉽다.

아무쪼록 이 책을 통해서 중국인과의 일상대화에 조금이나마 보탬이 되기를 바란다.

엮은이

목 차

PART 1.

아침
(上午)

1 침실(卧室)

□ **灯** [dēng]
명 조명등

□ **台灯** [táidēng]
타이떵 전기스탠드

□ **灯罩(儿)** [dēngzhào(r)]
떵쟈오(얼) 전등갓

□ **闹钟** [nàozhōng]
나오종 자명종

□ **床** [chuáng] 촹 침대

□ **单人床** [dānrénchuáng]
딴런촹 1인용 침대

□ **双人床** [shuāngrénchuáng]
쑤앙런촹 2인용 침대

□ **双层床** [shuāngcéngchuáng]
쑤앙청촹 2층 침대

□ **床头柜** [chuángtóuguì]
촹토우꾸이 침대 옆 탁자

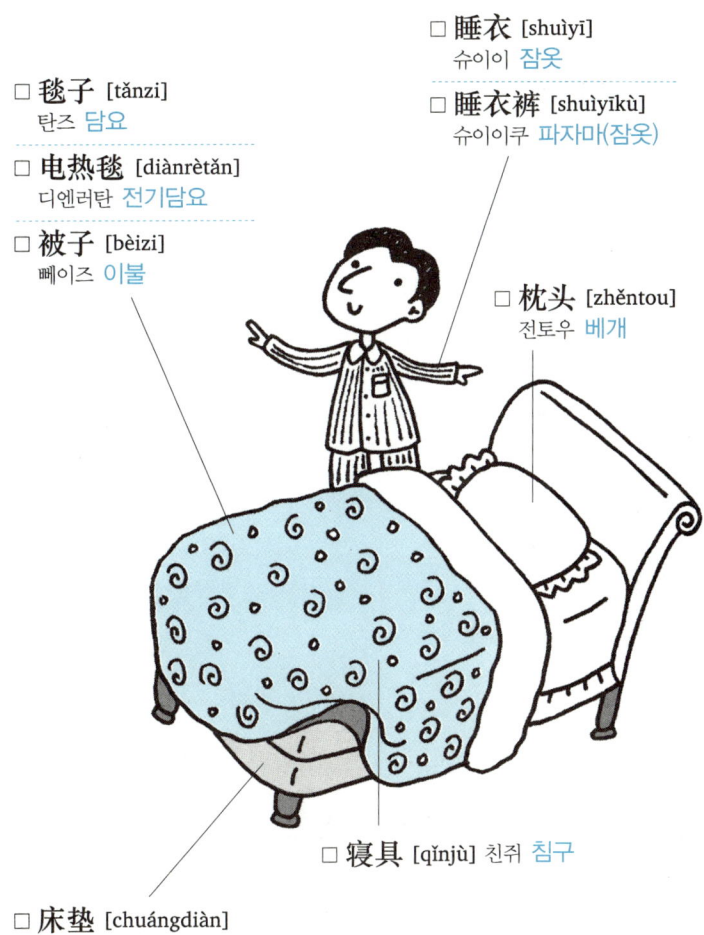

□ **睡衣** [shuìyī]
슈이이 잠옷

□ **睡衣裤** [shuìyīkù]
슈이이쿠 파자마(잠옷)

□ **毯子** [tǎnzi]
탄즈 담요

□ **电热毯** [diànrètǎn]
디엔러탄 전기담요

□ **被子** [bèizi]
뻬이즈 이불

□ **枕头** [zhěntou]
전토우 베개

□ **寝具** [qǐnjù] 친쥐 침구

□ **床垫** [chuángdiàn]
촹디엔 매트리스

11

〈관련어〉

□ **早晨** [zǎochen] 자오천 새벽

□ **上午** [shàngwǔ] 샹우 오전

□ **下午** [xiàwǔ] 샤우 오후

□ **晚上** [wǎnshang] 완샹 저녁

□ **黑夜** [hēiyè] 헤이예 밤

□ **深夜** [shēnyè] 션예 한밤중

□ **昨晚** [zuówǎn] 쭈오완 엊저녁

□ **今天** [jīntiān] 찐티엔 오늘

□ **今晚** [jīnwǎn] 찐완 오늘밤

□ **昨天** [zuótiān] 쭈오티엔 어제

□ **前天** [qiántiān] 치엔티엔 그저께

□ **明天** [míngtiān] 밍티엔 내일

□ **后天** [hòutiān] 호우티엔 모레

□ **白天** [báitiān] 바이티엔 낮

□ **一天** [yītiān] 이티엔 하루

□ **日常生活** [rìchángshēnghuó] 르창셩훠 일상생활

□ **日子** [rìzi] 르즈 날짜

□ **日出** [rìchū] 르추 해돋이

□ **日落** [rìluò] 르루오 해넘이

② 거실 및 집안 가구(起居室, 家庭家具)

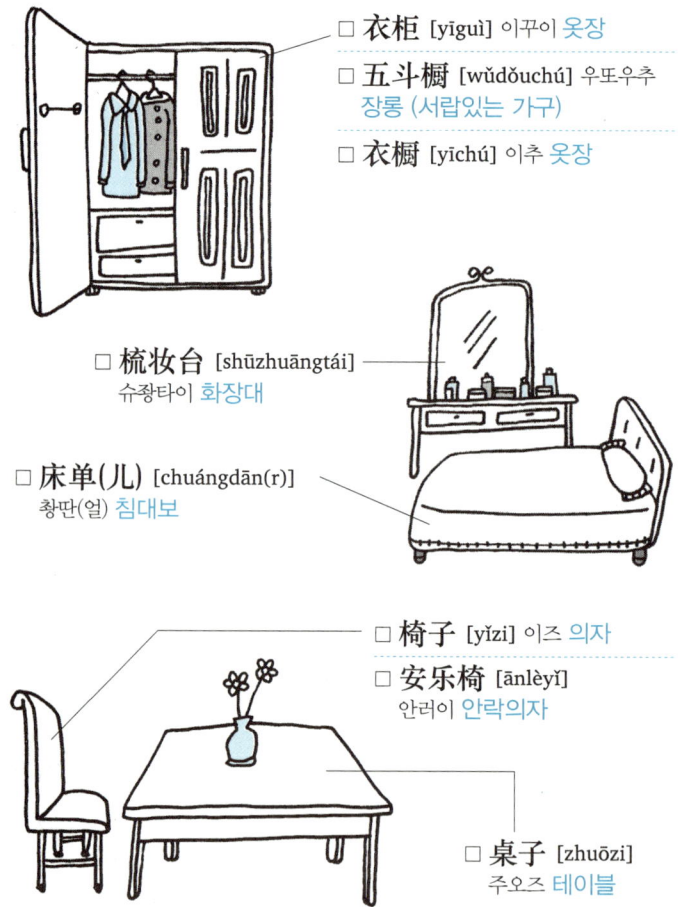

□ 衣柜 [yīguì] 이꾸이 옷장

□ 五斗橱 [wǔdǒuchú] 우또우추
장롱 (서랍있는 가구)

□ 衣橱 [yīchú] 이추 옷장

□ 梳妆台 [shūzhuāngtái]
슈좡타이 화장대

□ 床单(儿) [chuángdān(r)]
촹딴(얼) 침대보

□ 椅子 [yǐzi] 이즈 의자

□ 安乐椅 [ānlèyǐ]
안러이 안락의자

□ 桌子 [zhuōzi]
주오즈 테이블

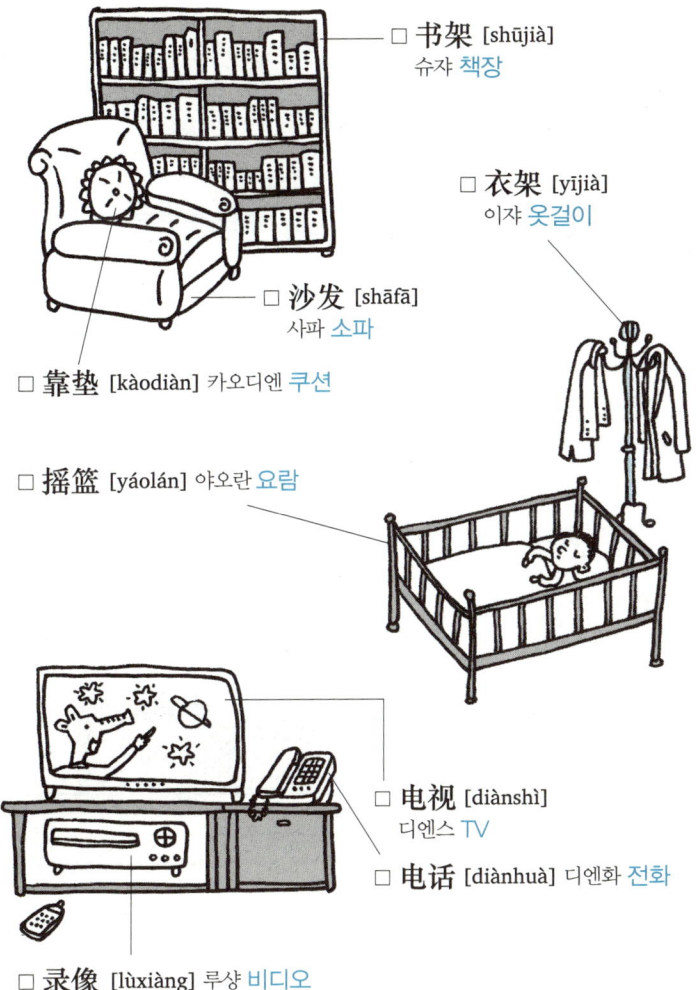

□ 书架 [shūjià]
슈쟈 책장

□ 衣架 [yījià]
이쟈 옷걸이

□ 沙发 [shāfā]
사파 소파

□ 靠垫 [kàodiàn] 카오디엔 쿠션

□ 摇篮 [yáolán] 야오란 요람

□ 电视 [diànshì]
디엔스 TV

□ 电话 [diànhuà] 디엔화 전화

□ 录像 [lùxiàng] 루샹 비디오

15

□ 天花板 [tiānhuābǎn] 티엔화반 천장

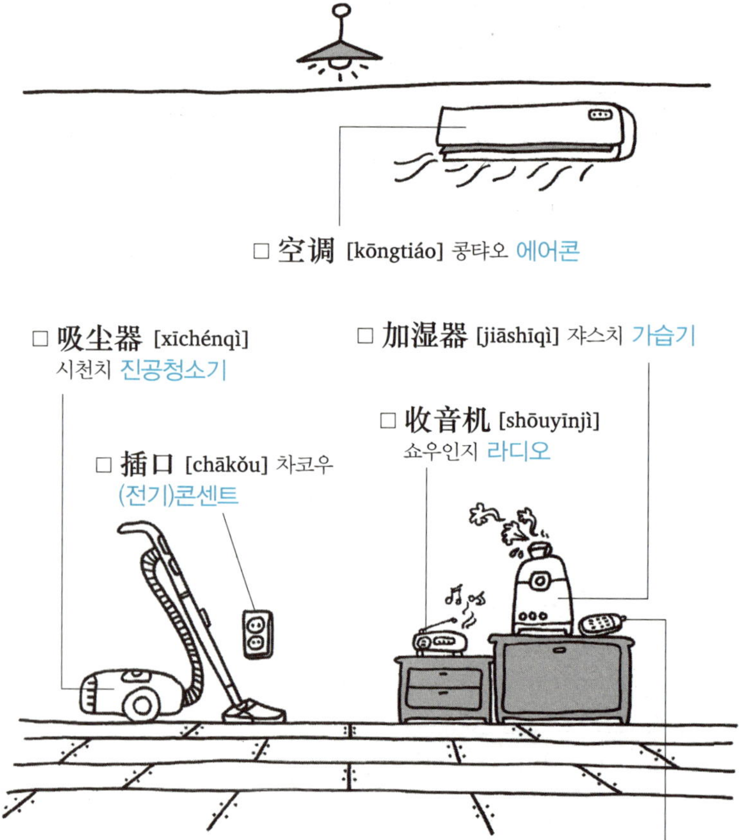

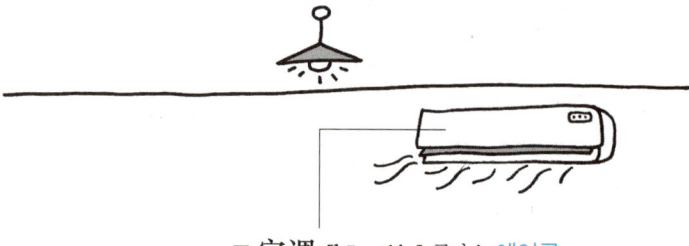

□ 空调 [kōngtiáo] 콩탸오 에어콘

□ 吸尘器 [xīchénqì] 시천치 진공청소기

□ 加湿器 [jiāshīqì] 쟈스치 가습기

□ 收音机 [shōuyīnjì] 쇼우인지 라디오

□ 插口 [chākǒu] 차코우 (전기)콘센트

□ 起居室地板 [qǐjūshì dìbǎn] 치쥐스 디반 거실마루

□ 遥控器 [yáokòngqì] 야오콩치 리모콘

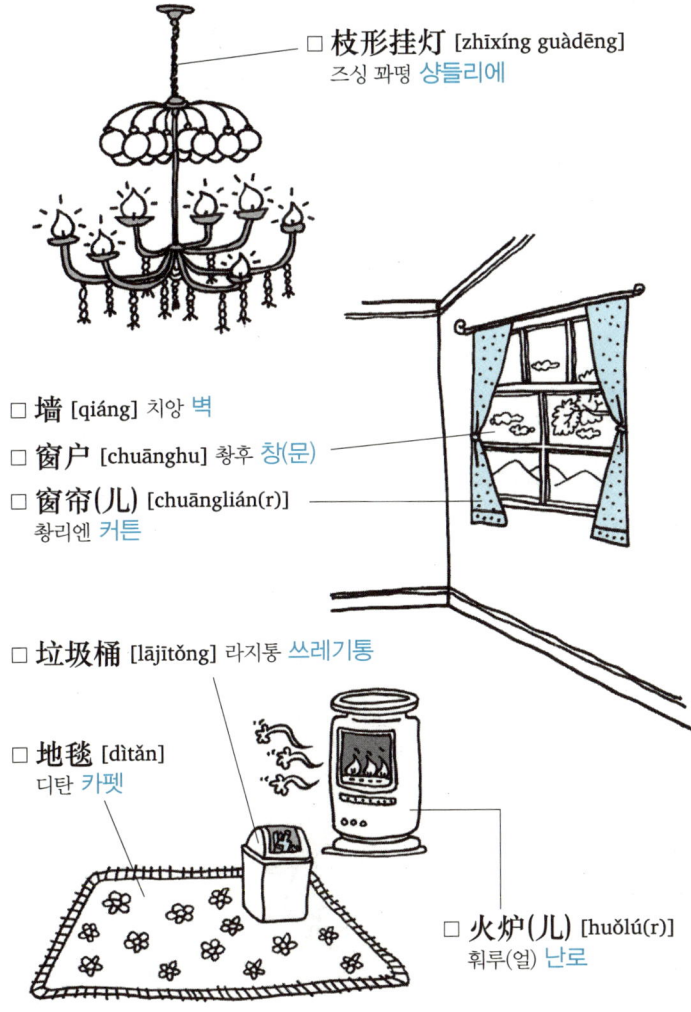

□ **枝形挂灯** [zhīxíng guàdēng]
즈싱 꽈떵 샹들리에

□ **墙** [qiáng] 치앙 벽

□ **窗户** [chuānghu] 촹후 창(문)

□ **窗帘(儿)** [chuānglián(r)]
촹리엔 커튼

□ **垃圾桶** [lājītǒng] 라지통 쓰레기통

□ **地毯** [dìtǎn]
디탄 카펫

□ **火炉(儿)** [huǒlú(r)]
훠루(얼) 난로

〈관련어〉

□ **抽屉** [chōuti] 초우티 서랍

□ **衣箱** [yīxiāng] 이샹 장롱

□ **簸箕** [bòjī] 뽀지 쓰레받기

□ **大扫除** [dàsǎochú] 따사오추 대청소

□ **家务** [jiāwù] 쟈우 집안일

□ **装饰** [zhuāngshì] 쫭스 장식

□ **居处** [jūchù] 쥐추 거처

□ **客厅** [kètīng] 커팅 거실

□ **门铃** [ménlíng] 먼링 초인종

□ **走廊** [zǒuláng] 조우랑 복도

□ **阶梯** [jiētī] 지에티 계단

□ **阁楼** [gélóu] 거로우 다락방

□ **壁炉** [bìlú] 삐루 벽난로

□ **书房** [shūfáng] 슈팡 서재

□ **壁纸** [bìzhǐ] 삐즈 벽지

□ **玻璃门** [bōlimén] 뽀리먼 유리문

□ **画框(儿)** [huàkuàng] 화쾅 액자

□ **壁橱** [bìchú] 삐추 붙박이장

③ 욕실(浴室)

□ 厕所 [cèsuǒ] 처쑤오 화장실

□ 镜子 [jìngzi] 징즈 거울

□ 毛巾 [máojīn] 마오진 수건

□ 吹风机 [chuīfēngjī] 추이펑지 드라이기

□ 卫生纸 [wèishēngzhǐ] 웨이셩즈 화장지

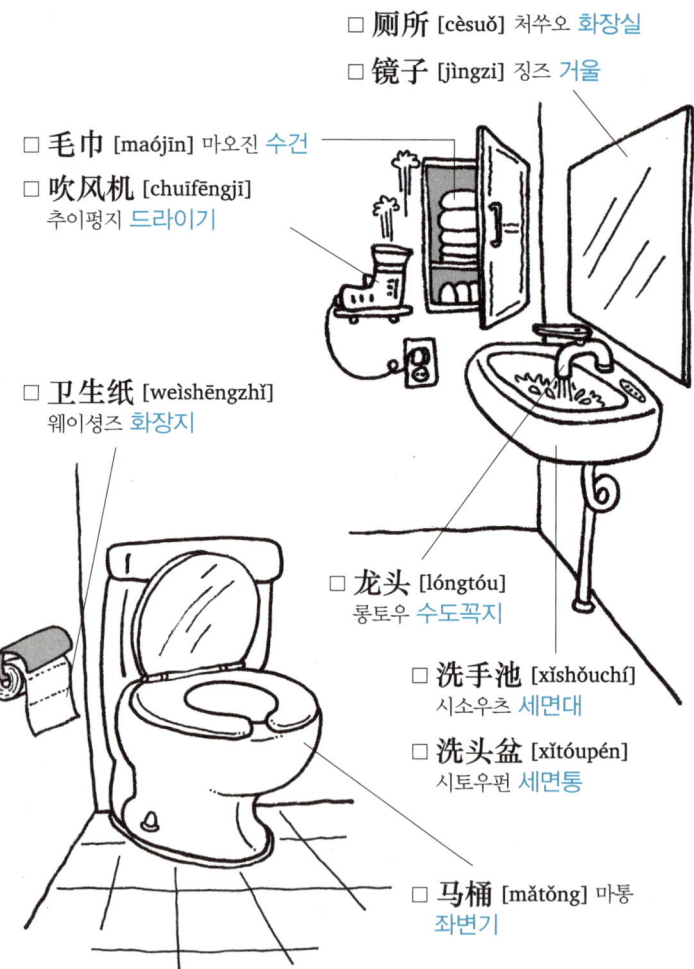

□ 龙头 [lóngtóu] 롱토우 수도꼭지

□ 洗手池 [xǐshǒuchí] 시소우츠 세면대

□ 洗头盆 [xǐtóupén] 시토우펀 세면통

□ 马桶 [mǎtǒng] 마통 좌변기

□ **淋浴器** [línyùqì] 린위치 샤워기

□ **喷头** [pēntóu] 펀토우 샤워기 머리

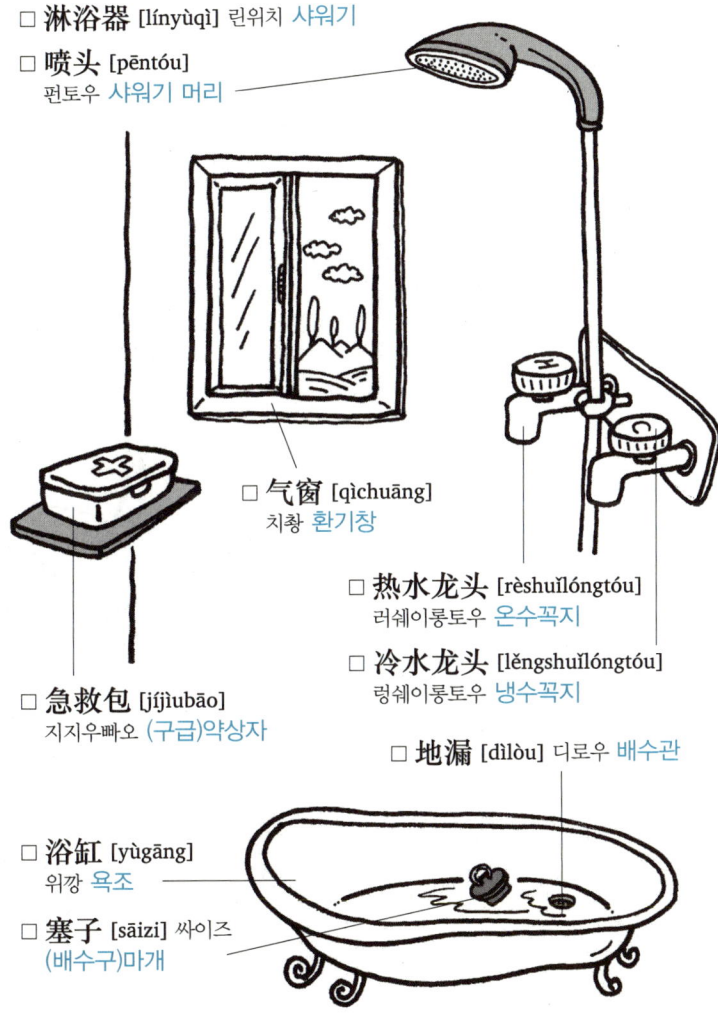

□ **气窗** [qìchuāng] 치촹 환기창

□ **热水龙头** [rèshuǐlóngtóu] 러쉐이롱토우 온수꼭지

□ **冷水龙头** [lěngshuǐlóngtóu] 렁쉐이롱토우 냉수꼭지

□ **急救包** [jíjìubāo] 지지우빠오 (구급)약상자

□ **地漏** [dìlòu] 디로우 배수관

□ **浴缸** [yùgāng] 위깡 욕조

□ **塞子** [sāizi] 싸이즈 (배수구)마개

□ 洗发露 [xǐfàlù] 시파루 샴푸 ────────

□ 肥皂 [féizào] 페이짜오 비누 ────────
□ 毛巾架 [máojīnjià] 마오진쟈 수건걸이

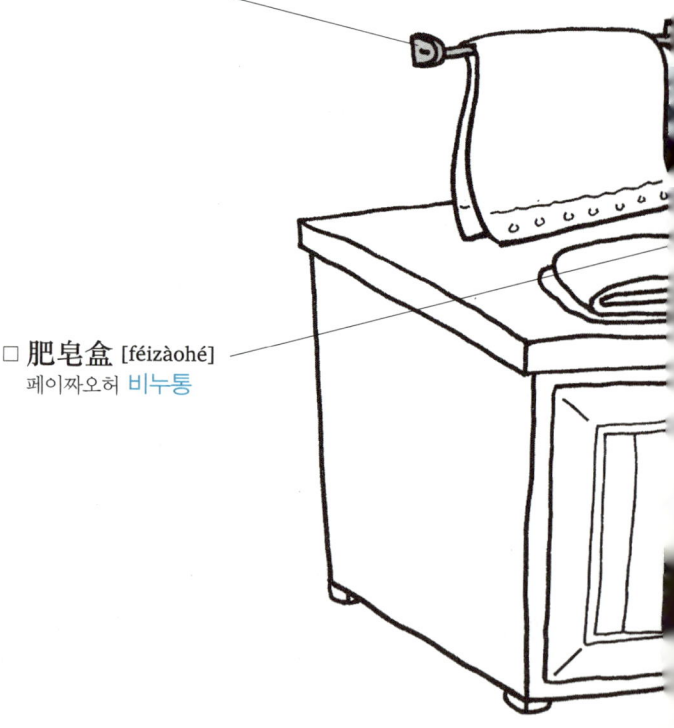

□ 肥皂盒 [féizàohé]
페이짜오허 비누통

□ 牙刷 [yáshuā] 야슈아 칫솔
□ 牙膏 [yágāo] 야까오 치약
□ 牙刷杯 [yáshūābēi] 야슈아뻬이 칫솔통

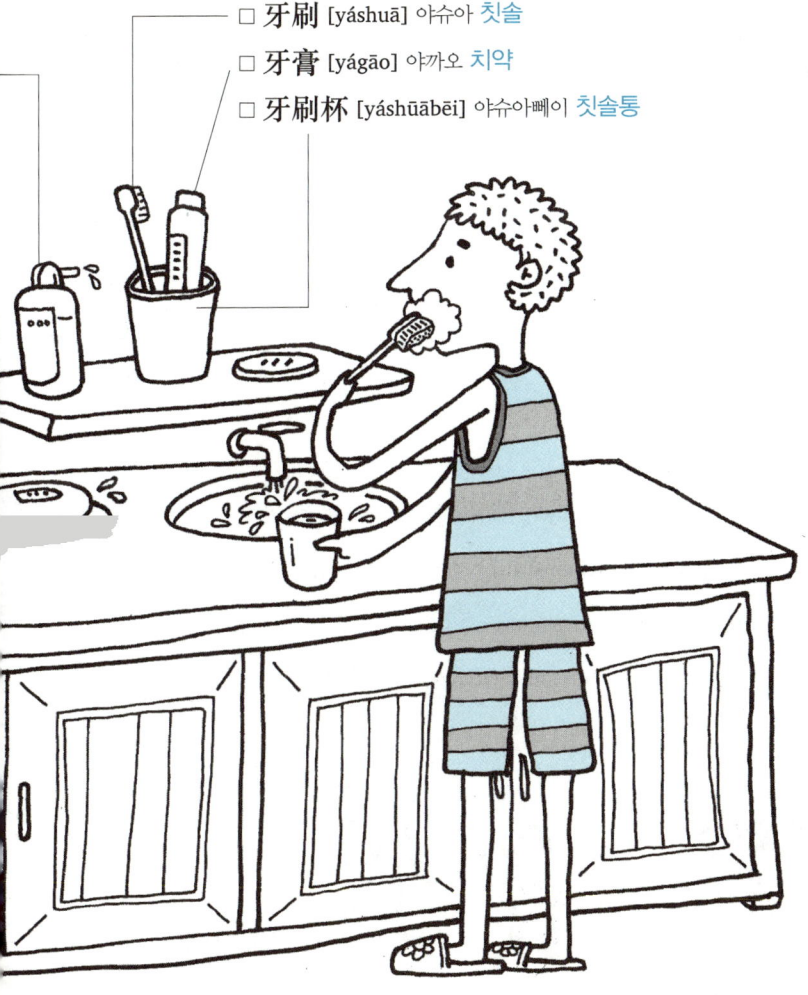

〈관련어〉

□ **(沐浴)泡沫液** [(mùyù)pàomòyè]
(무위)파오모예 거품 목욕제

□ **冷浴** [lěngyù] 렁위 냉수욕

□ **热浴** [rèyù] 러위 온수욕

□ **冷温交替浴** [lěngwēnjiāotìyù]
렁원쟈오티위 냉,온 교대목욕

□ **海水浴** [hǎishuǐyù] 하이쉐이위 옥내 해수 풀

□ **私人浴室** [sīrényùshì] 쓰런위스 전용 욕실

□ **澡堂** [zǎotáng] 짜오탕 공중 목욕탕

□ **化妆用品** [huàzhuāngyòngpǐn] 화좡용핀 세면화장품류(목욕용품)

□ **要洗的衣物** [yàoxǐdeyīwù] 야오시더이우 세탁물

□ **洗衣粉** [xǐyīfěn] 시이펀 (합성)세제

□ **护发精** [hùfājīng] 후파징 헤어컨디셔너

□ **头发滋养霜** [tóufāzīyǎngshuāng]
토우파쯔양슈앙 헤어트리트먼트

□ **沐浴乳** [mùyùlù] 무위루 바디샴푸

□ **干洗洗发露** [gānxǐxǐfàlù] 깐시시파루 알코올성 세발액

□ **清洁霜** [qīngjiéshuāng] 칭지에슈앙 세안크림

□ **卸妆乳液** [xièzhuāngrǔyè] 씨에좡루예 클린징워터

□ **卸妆油** [xièzhuāngyóu] 씨에좡요우 클린징오일

□ **纸巾** [zhǐjīn] 즈진 화장지

4 생활 필수품(生活必需品)

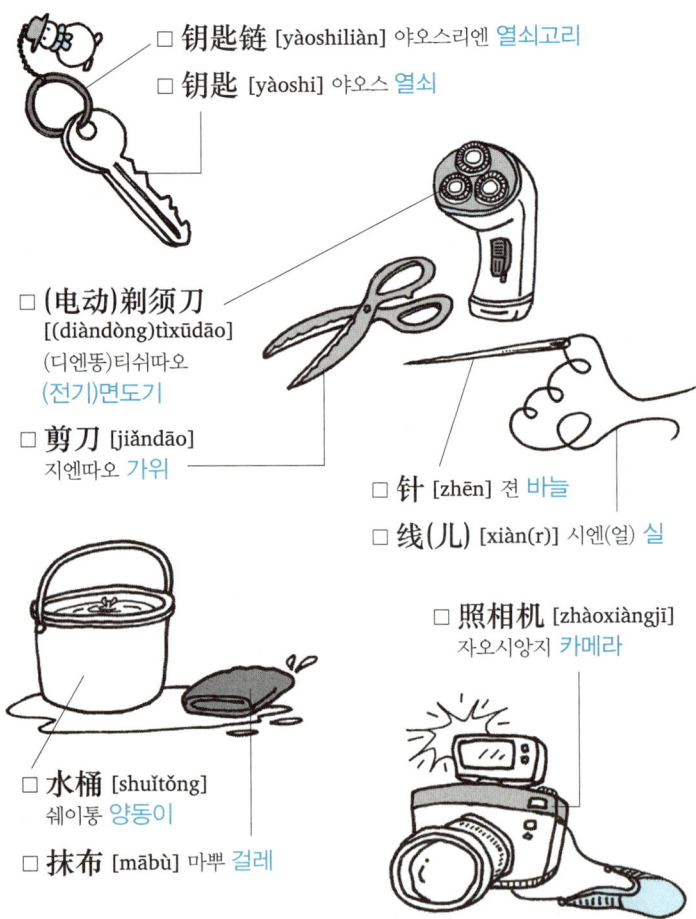

□ 钥匙链 [yàoshiliàn] 야오스리엔 열쇠고리

□ 钥匙 [yàoshi] 야오스 열쇠

□ (电动)剃须刀 [(diàndòng)tìxūdāo] (디엔똥)티쉬따오 (전기)면도기

□ 剪刀 [jiǎndāo] 지엔따오 가위

□ 针 [zhēn] 젼 바늘

□ 线(儿) [xiàn(r)] 시엔(얼) 실

□ 水桶 [shuǐtǒng] 쉐이통 양동이

□ 抹布 [mābù] 마뿌 걸레

□ 照相机 [zhàoxiàngjī] 자오시앙지 카메라

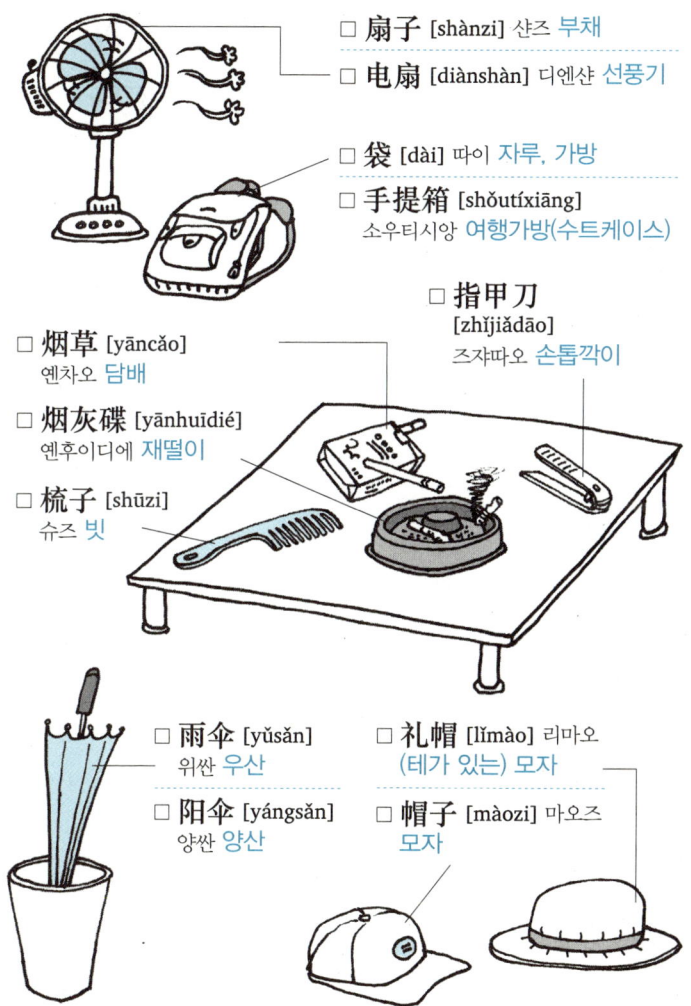

□ 扇子 [shànzi] 샨즈 부채

□ 电扇 [diànshàn] 디엔샨 선풍기

□ 袋 [dài] 따이 자루, 가방

□ 手提箱 [shǒutíxiāng] 소우티시앙 여행가방(수트케이스)

□ 指甲刀 [zhǐjiǎdāo] 즈쟈따오 손톱깍이

□ 烟草 [yāncǎo] 옌차오 담배

□ 烟灰碟 [yānhuīdié] 옌후이디에 재떨이

□ 梳子 [shūzi] 슈즈 빗

□ 雨伞 [yǔsǎn] 위싼 우산

□ 阳伞 [yángsǎn] 양싼 양산

□ 礼帽 [lǐmào] 리마오 (테가 있는) 모자

□ 帽子 [màozi] 마오즈 모자

〈관련어〉

□ 梯子 [tīzi] 티즈 사닥다리

□ 器皿 [qìmǐn] 치민 부엌세간

□ 壁橱 [bìchú] 삐추 벽장

□ 扫帚 [sàozhou] 사오조우 비(빗자루)

□ 火柴 [huǒchái] 훠차이 성냥

□ 打火机 [dǎhuǒjī] 다훠지 라이터

□ 铁锤 [tiěchuí] 티에추이 망치

□ 螺丝钉 [luósīdīng] 루오쓰딩 나사, 나사못

□ 木螺钉 [mùluódīng] 무루오딩 나무나사

□ 蜡烛 [làzhú] 라주 (양)초

- □ **手电** [shǒudiàn] 소우디엔 손전등
- □ **电池** [diànchí] 디엔츠 전지
- □ **回收利用** [huíshōulìyòng] 후이쇼우리용 재활용
- □ **缝纫线** [féngrènxiàn] 펑런시엔 바느질실
- □ **缝纫机** [féngrènjī] 펑런지 재봉틀

- □ **熨斗** [yùndǒu] 윈또우 다리미
- □ **烘干机** [hōnggānjī] 홍깐지 건조기
- □ **空气净化器** [kōngqìjìnghuàqì] 콩치징화치 공기 정화기
- □ **供暖装置** [gōngnuǎnzhuāngzhì] 꽁누안좡즈 난방장치
- □ **电器** [diànqì] 디엔치 전기기구

⑤ 화장품(化妆品)

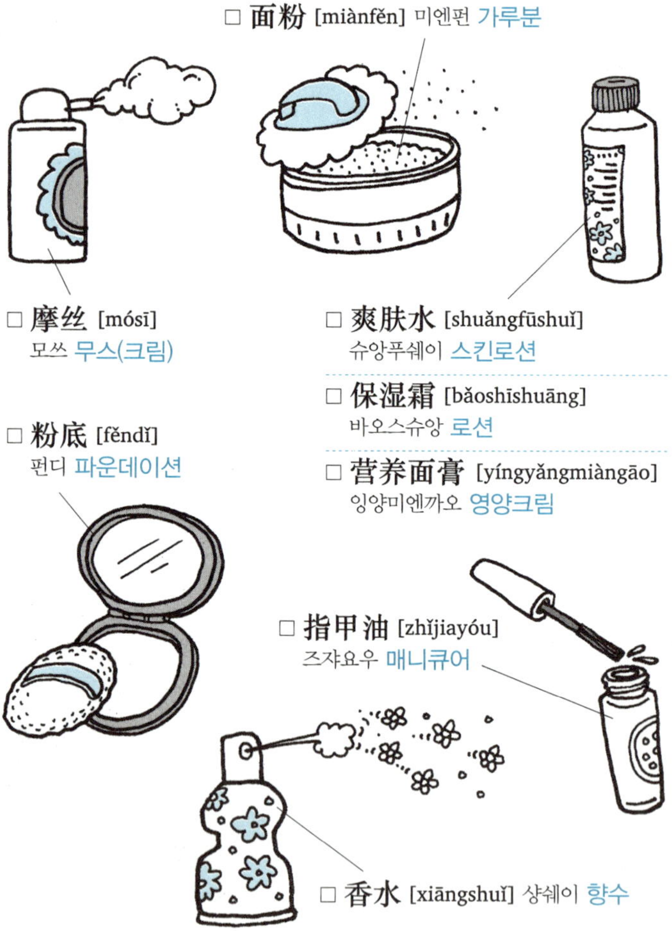

☐ **面粉** [miànfěn] 미엔펀 가루분

☐ **摩丝** [mósī]
모쓰 무스(크림)

☐ **粉底** [fěndǐ]
펀디 파운데이션

☐ **爽肤水** [shuǎngfūshuǐ]
슈앙푸쉐이 스킨로션

☐ **保湿霜** [bǎoshīshuāng]
바오스슈앙 로션

☐ **营养面膏** [yíngyǎngmiàngāo]
잉양미엔까오 영양크림

☐ **指甲油** [zhǐjiayóu]
즈쟈요우 매니큐어

☐ **香水** [xiāngshuǐ] 샹쉐이 향수

□ **睫毛膏** [jiémáogāo]
지에마오까오 마스카라

□ **假睫毛** [jiǎjiémáo]
쟈지에마오 인조속눈썹

□ **定型水** [dìngxíngshuǐ]
딩싱쉐이 헤어스프레이

□ **腮红** [sāihóng]
싸이홍 블러셔

□ **化妆(品)**
[huàzhuāng(pǐn)]
화좡(핀) 화장(품)

□ **口红** [kǒuhóng]
코우홍 립스틱

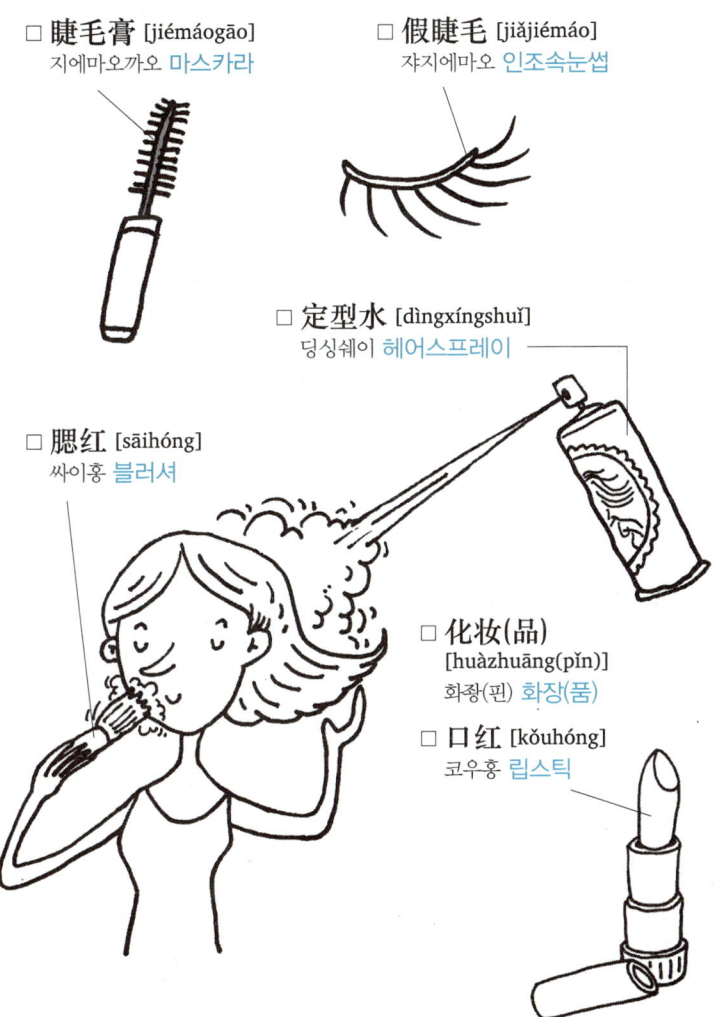

〈관련어〉

□ 香味 [xiāngwèi] 샹웨이 향기

□ 眼影 [yǎnyǐng] 옌잉 아이새도우

□ 按摩 [ànmó] 안모 안마

□ 按摩霜 [ànmóshuāng] 안모슈앙 마사지크림

□ 唇膏 [chúngāo] 춘까오 립밤

□ 皮肤护理 [pífūhùlǐ] 피푸후리 피부관리

□ 趾甲护理 [zhǐjiǎhùlǐ] 즈쟈후리 페디큐어

□ 指甲护理 [zhǐjiahùlǐ] 메이쟈후리 네일케어

□ 美发师 [měifàshī] 메이파스 미용사

□ **面膜** [miànmó] 미엔모 팩(용 화장품)

□ **冷敷** [lěngfū] 렁푸 냉습포

□ **热敷** [rèfū] 러푸 온습포

□ **烫发** [tàngfà] 탕파 파마

□ **美容院** [měiróngyuàn] 메이롱위엔 미장원

□ **美容室** [měiróngshì] 메이롱스 미용실

□ **理发店** [lǐfàdiàn] 리파디엔 이발소

□ **美甲店** [měijiǎdiàn] 메이쟈디엔 네일샵

6 부엌(厨房)

□ 餐厅 [cāntīng] 찬팅 식당

□ 托盘 [tuōpán] 투오판 쟁반

□ 围裙 [wéiqún] 웨이췬 앞치마

□ 餐叉 [cānchā] 찬차 포크

□ 餐匙 [cānshí] 찬스 숟가락

□ 桌布 [zhuōbù] 주오뿌 식탁보

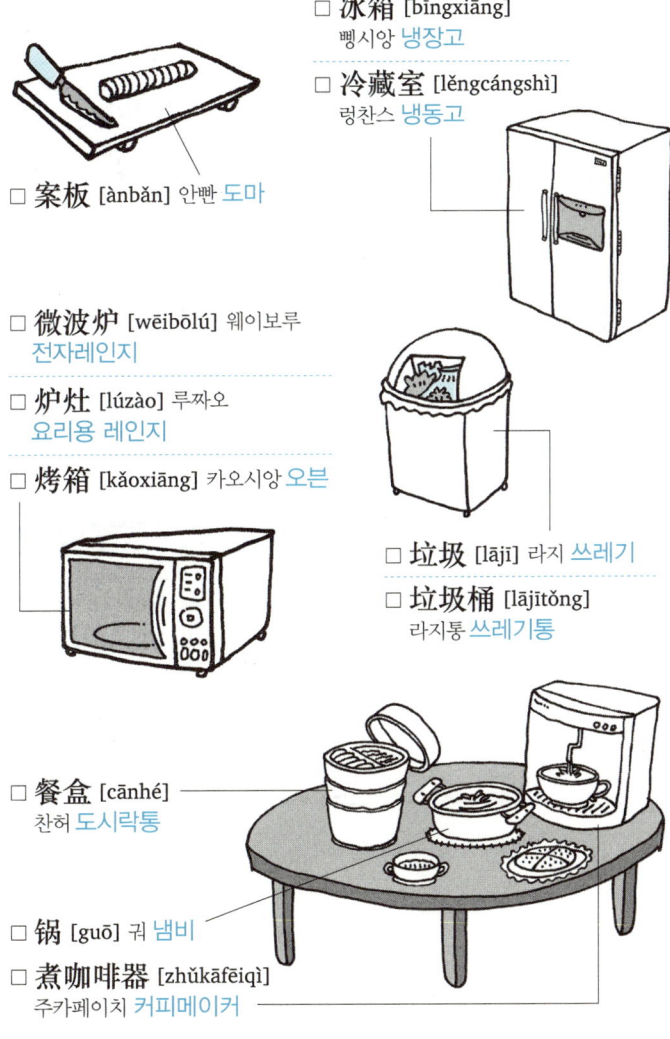

□ **案板** [ànbǎn] 안빤 도마

□ **微波炉** [wēibōlú] 웨이보루
　전자레인지

□ **炉灶** [lúzào] 루짜오
　요리용 레인지

□ **烤箱** [kǎoxiāng] 카오시앙 오븐

□ **冰箱** [bīngxiāng]
　삥시앙 냉장고

□ **冷藏室** [lěngcángshì]
　렁찬스 냉동고

□ **垃圾** [lājī] 라지 쓰레기

□ **垃圾桶** [lājītǒng]
　라지통 쓰레기통

□ **餐盒** [cānhé]
　찬허 도시락통

□ **锅** [guō] 궈 냄비

□ **煮咖啡器** [zhǔkāfēiqì]
　주카페이치 커피메이커

35

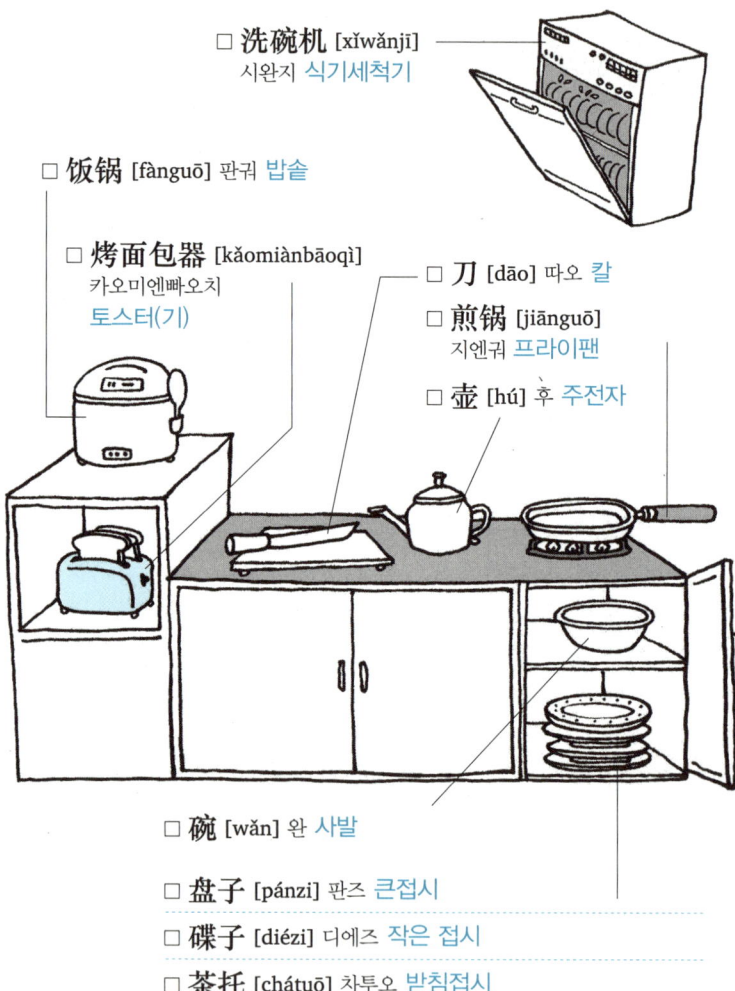

□ 洗碗机 [xǐwǎnjī]
시완지 식기세척기

□ 饭锅 [fànguō] 판궈 밥솥

□ 烤面包器 [kǎomiànbāoqì]
카오미엔빠오치
토스터(기)

□ 刀 [dāo] 따오 칼

□ 煎锅 [jiānguō]
지엔궈 프라이팬

□ 壶 [hú] 후 주전자

□ 碗 [wǎn] 완 사발

□ 盘子 [pánzi] 판즈 큰접시

□ 碟子 [diézi] 디에즈 작은 접시

□ 茶托 [chátuō] 차투오 받침접시

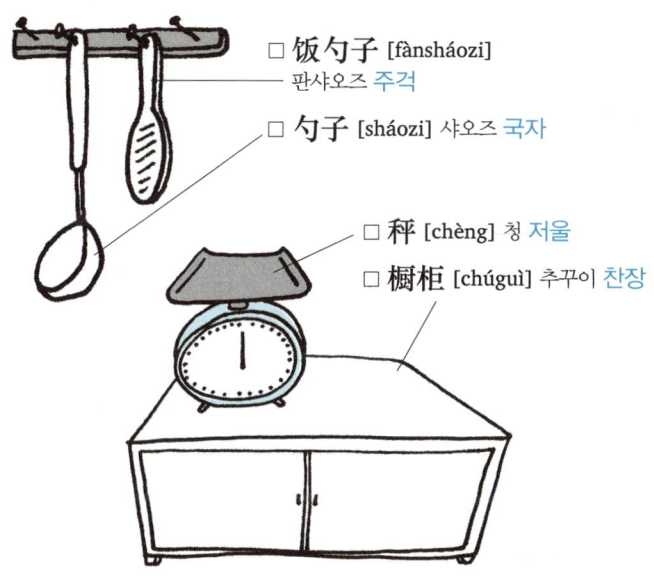

□ 饭勺子 [fànsháozi]
판샤오즈 주걱

□ 勺子 [sháozi] 샤오즈 국자

□ 秤 [chèng] 청 저울

□ 橱柜 [chúguì] 추꾸이 찬장

□ 搅拌器 [jiǎobànqì]
쟈오빤치 믹서(기)

□ 盖子 [gàizi] 까이즈 뚜껑

□ 筷子 [kuàizi]
콰이즈 젓가락

□ 罐子 [guànzi] 꽌즈 단지

□ 抹布 [mābù] 마뿌 행주

〈관련어〉

□ 膳具 [shànjù] 샨쥐 부엌세간

□ 排水管 [páishuǐguǎn] 파이쉐이꽌 배수, 배수관

□ 污水沟 [wūshuǐgōu] 우쉐이고우 하수구

□ 洗涤液 [xǐdíyè] 시디예 주방세제

□ 香皂 [xiāngzào] 샹짜오 세수비누

□ 肥皂 [féizào] 페이짜오 비누

□ 硬皂 [yìngzào] 잉짜오 소다비누

□ 软皂 [ruǎnzào] 루안짜오 칼리비누

□ 硬水 [yìngshuǐ] 잉쉐이 경수(센물)

□ 软水 [ruǎnshuǐ] 루안쉐이 연수(단물)

□ 冷水 [lěngshuǐ] 렁쉐이 냉수

□ 开水 [kāishuǐ] 카이쉐이 끓는 물

□ 苏打水 [sūdáshuǐ] 쑤다쉐이 소다수

□ 橱柜 [chúguì] 추꾸이 진열용 선반

□ 陶器 [táoqì] 타오치 토기

□ 餐具 [cānjù] 찬쥐 식탁용식기류

□ 银餐具 [yíncānjù] 인찬쥐 실버웨어

□ 排气器 [páiqìqì] 파이치치 배기장치

□ 排风扇 [páifēngshàn] 파이펑샨 환기팬

□ 排气 [páiqì] 파이치 배기가스

□ 碗刷子 [wǎnshuāzi] 완쏴즈 솔, 수세미

□ 打蛋器 [dǎdànqì] 다딴치 달걀거품기

□ 开瓶器 [kāipíngqì] 카이핑치 병따개

□ 烟雾报警器 [yānwùbàojǐngqì] 옌우바오징치 연기탐지기

□ 火警警报器 [huǒjǐngjǐngbàoqì] 훠징징바오치 화재경보기

□ 玻璃瓶 [bōlipíng] 뽀리핑 유리병

□ 垃圾堆 [lājīduī] 라지뚜이 쓰레기더미

chapter 2 식료품(食物)

① 식료품(食物)

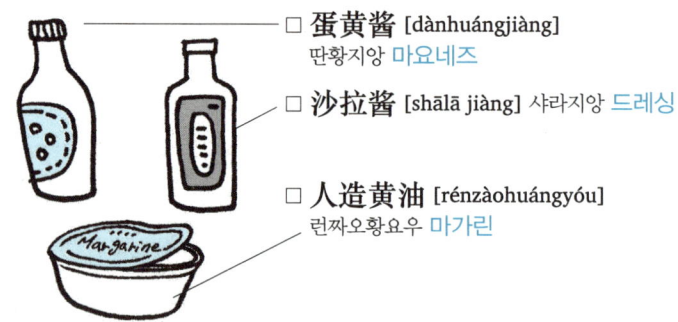

□ 蛋黄酱 [dànhuángjiàng]
딴황지앙 마요네즈

□ 沙拉酱 [shālā jiàng] 샤라지앙 드레싱

□ 人造黄油 [rénzàohuángyóu]
런짜오황요우 마가린

□ 牛奶 [niúnǎi] 니우나이 우유

□ 奶油 [nǎiyóu] 나이요우 크림

□ 奶酪 [nǎilào] 나이라오 치즈

□ 黄油 [huángyóu] 황요우 버터

□ **糖** [táng] 탕 설탕

□ **原料** [yuánliào]
위엔랴오 재료

□ **方块糖** [fāngkuài táng]
팡콰이탕 각설탕

□ **盐** [yán] 옌
소금

□ **辣椒** [làjiāo] 라쟈오
빨간 고추

□ **辣椒丝** [làjiāosī]
라쟈오쓰 실고추

□ **胡椒** [hújiāo]
후쟈오 후추

□ **番茄酱** [fānqiéjiàng]
판치에쟝 케첩

□ **调料** [tiáoliào]
탸오랴오 조미료

41

□ 香料 [xiāngliào] 샹랴오 양념

□ 辣椒粉 [làjiāofěn] 라쟈오펀 고추가루

□ (韩国)辣酱 [Hánguólàjiàng]
한궈라쟝 고추장

□ 调味汁 [tiáowèizhī]
탸오웨이즈 소스

□ 芝麻 [zhīma]
즈마 참깨

□ 酱油 [jiàngyóu]
쟝요우 간장

□ 豆油 [dòuyóu]
또우요우 콩기름

□ 醋 [cù]
추 식초

□ 黄酱 [huángjiàng]
황쟝 된장

□ 大米 [dàmǐ]
따미 쌀

□ 面条 [miàntiáo] 미엔탸오 국수

□ 面粉 [miànfěn]
미엔펀 밀가루

□ 炸面饼圈 [zhámiànbǐngquān]
쟈미엔빙취엔 도넛

□ 面包 [miànbāo] 미엔빠오 빵

□ 坚果 [jiānguǒ]
지엔궈 견과

□ 甜饼干 [tiánbǐnggān] 티엔빙깐 쿠키

□ 饼干 [bǐnggān] 빙깐 비스킷

〈관련어〉

□ 稻子 [dàozi] 따오즈 벼

□ 稻田 [dàotián] 따오티엔 논

□ 糙米 [cāomǐ] 차오미 현미

□ 大麦 [dàmài] 따마이 보리

□ 小麦 [xiǎomài] 샤오마이 밀

□ 燕麦 [yànmài] 옌마이 귀리

□ 黑麦 [hēimài] 헤이마이 호밀

□ 玉米 [yùmǐ] 위미 옥수수

□ 杏仁 [xìngrén] 싱런 아몬드

□ 栗子 [lìzi] 리즈 밤

□ 核桃 [hétao] 허타오 호두

□ 花生 [huāshēng] 화셩 땅콩

□ 大豆 [dàdòu] 따또우 대두

□ 红豆 [hóngdòu] 홍또우 팥

□ 刀豆 [dāodòu] 따오또우 작두콩

□ 绿豆 [lǜdòu] 뤼또우 녹두

□ 扁豆 [biǎndòu] 비엔또우 강낭콩

□ 豌豆 [wāndòu] 완또우 완두콩

□ 小米 [xiǎomǐ] 샤오미 조

□ 高粱 [gāoliáng] 까오량 수수

□ 乳制品 [rǔzhìpǐn] 루즈핀 유제품

② 고기(肉)

□ **牛肉** [niúròu] 니우로우 쇠고기

□ **猪肉** [zhūròu] 주로우 돼지고기

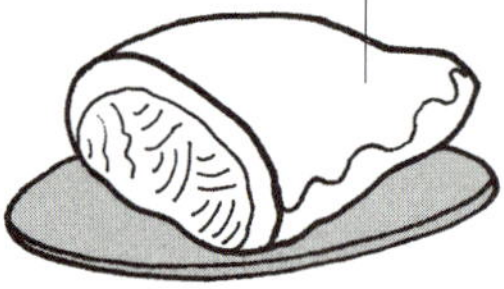

□ **羊肉** [yángròu] 양로우 양고기

□ **羔羊肉** [gāoyángròu] 까오양로우 새끼양고기

□ **马肉** [mǎròu] 마로우 말고기

□ **火腿** [huǒtuǐ] 훠투이 햄

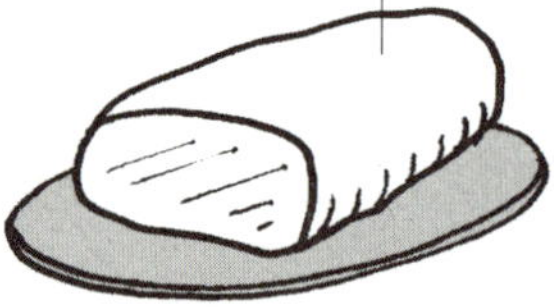

□ 香肠 [xiāngcháng]
샹창 쏘시지

□ 熏咸肉 [xūnxiánròu]
쉰시엔로우 베이컨

□ 吐绶鸡 [tǔshòujī]
투소우지 칠면조(고기)

□ 鸡肉 [jīròu]
지로우 닭고기

〈관련어〉

☐ **食用肉类** [shíyòngròulèi]
스용로우레이 식용육

☐ **肉店老板** [ròudiànlǎobǎn]
로우디엔라오반 정육점주인

☐ **肉类加工业** [ròulèijiāgōngyè]
로우레이쟈공예 식육가공도매업

☐ **肉类加工业工作者** [ròulèijiāgōngyègōngzuòzhě]
로우레이쟈공예공쭈어져 식육가공도매업자

☐ **菜橱** [càichú] 차이추 찬장

☐ **肉类市场** [ròulèishìchǎng] 로우레이스창 축산시장

☐ **肉铺** [ròupù] 로우푸 정육점

☐ **切肉刀** [qiēròudāo] 치에로우따오 고기를 토막내는 큰 칼

□ **绞肉机** [jiǎoròujī] 쟈오초우지 고기가는 기계

□ **碎肉机** [suìròujī] 쑤이로우지 고기저미는 기계

□ **肉馅饼** [ròuxiànbǐng] 로우시엔빙 고기파이

□ **肉团** [ròutuán] 로우투안 고기완자

□ **冷藏肉** [lěngcángròu] 렁창로우 냉장육

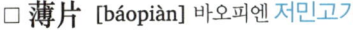

□ **薄片** [báopiàn] 바오피엔 저민고기

□ **内脏** [nèizàng] 네이짱 내장

□ **排骨** [páigǔ] 파이구 갈비

□ **烤肉** [kǎoròu] 카오로우 불고기

49

3 야채(蔬菜)

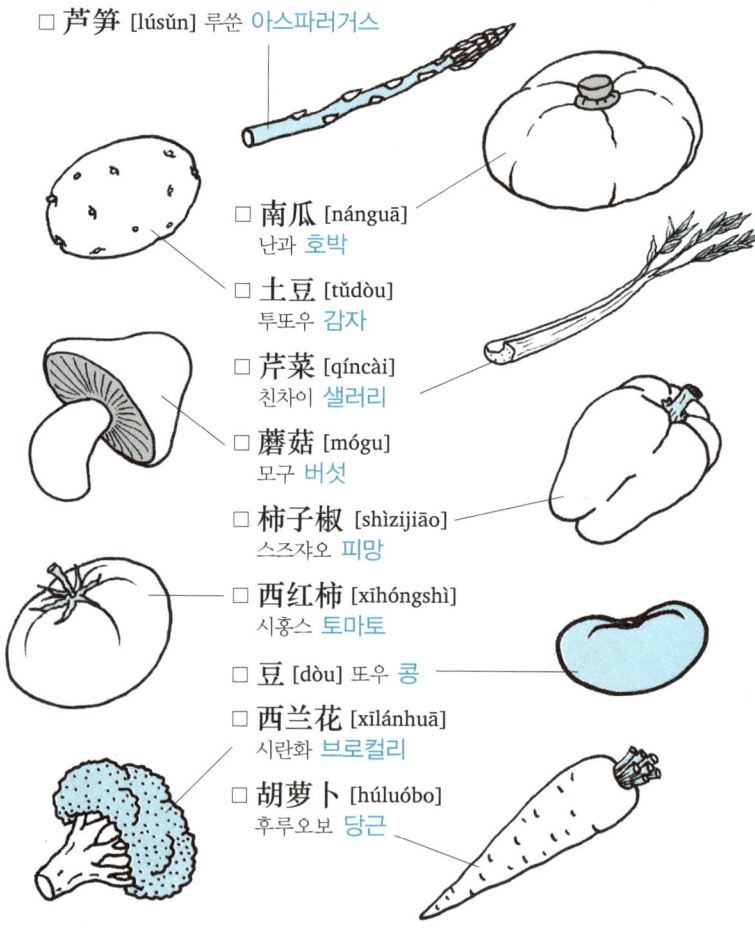

□ 芦笋 [lúsǔn] 루쑨 아스파라거스

□ 南瓜 [nánguā]
난과 호박

□ 土豆 [tǔdòu]
투또우 감자

□ 芹菜 [qíncài]
친차이 샐러리

□ 蘑菇 [mógu]
모구 버섯

□ 柿子椒 [shìzijiāo]
스즈쟈오 피망

□ 西红柿 [xīhóngshì]
시홍스 토마토

□ 豆 [dòu] 또우 콩

□ 西兰花 [xīlánhuā]
시란화 브로컬리

□ 胡萝卜 [húluóbo]
후루오보 당근

□ 白菜 [báicài]
바이차이 배추

□ 卷心菜 [juǎnxīncài]
쥐엔신차이 양배추

□ 葱 [cōng] 총 파

□ 茄子 [qiézi] 치에즈 가지

□ 萝卜 [luóbo] 루오보 무

□ 蒜 [suàn] 쑤안 마늘

□ 生姜 [shēngjiāng] 셩쟝 생강

□ 红薯 [hóngshǔ] 홍슈 고구마

□ 洋葱 [yángcōng] 양총 양파

□ 莴苣 [wōjù] 워쥐 상추

□ 黄瓜 [huángguā] 황과 오이

〈관련어〉

- □ 藕 [ǒu] 오우 연근
- □ 牛蒡 [niúbàng] 니우방 우엉
- □ 韭菜 [jiǔcài] 지우차이 부추
- □ 胡葱 [húcōng] 후총 골파
- □ 豆秸 [dòujiē] 또우지에 콩대

- □ 豆芽菜 [dòuyácài] 또우야차이 콩나물
- □ 竹笋 [zhúsǔn] 주쑨 죽순
- □ 人参 [rénshēn] 런션 인삼
- □ 山药 [shānyào] 샨야오 마

□ 芋 [yù] 위 토란

□ 花椰菜 [huāyēcài] 화예차이 꽃양배추

□ 芜菁 [wújīng] 우징 순무

□ 蒿草 [hāocǎo] 하오차오 쑥

□ 茼蒿菜 [tónghāocài] 통하오차이 쑥갓

□ 芥菜 [gàicài] 까이차이 갓

□ 欧芹 [ōuqín] 오우친 파슬리

□ 菠菜 [bōcài] 뽀차이 시금치

④ 과일(水果)

☐ 梨 [lí] 리 배
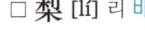
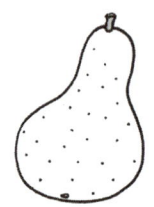

☐ 苹果 [píngguǒ]
핑궈 사과

☐ 桃 [táo]
타오 복숭아

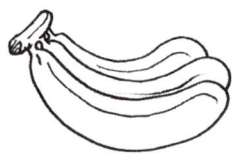

☐ 李子 [lǐzi]
리즈 자두

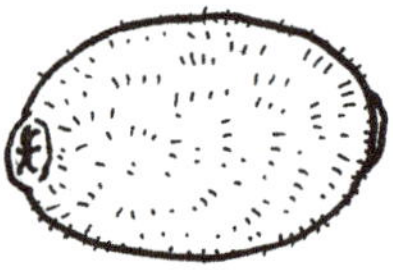

☐ 香蕉 [xiāngjiāo]
샹쟈오 바나나

☐ 猕猴桃
[míhóutáo]
미호우타오 키위

☐ 西瓜 [xīguā]
시과 수박

☐ 芒果 [mángguǒ]
망궈 망고

☐ 菠萝 [bōluó]
뽀루오 파인애플

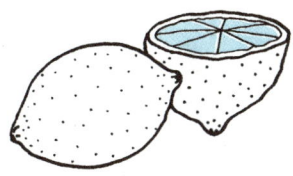

□ 柠檬 [níngméng]
닝멍 레몬

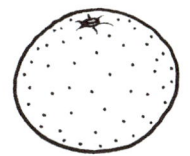

□ 橙 [chéng] 청 오렌지

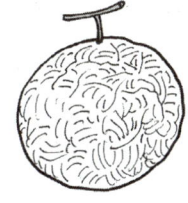

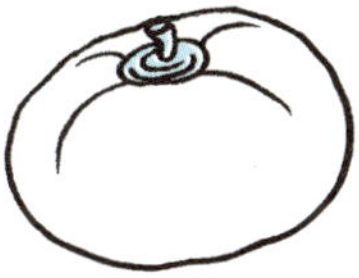

□ 甜瓜 [tiánguā]
티엔과 머스크메론

□ 樱桃 [yīngtáo]
잉타오 체리

□ 柿子 [shìzi]
스즈 감

□ 葡萄 [pútáo]
푸타오 포도

□ 草莓 [cǎoméi]
차오메이 딸기

□ 橘子 [júzi]
쥐즈 귤

〈관련어〉

□ 桑椹 [sāngshèn] 상션 오디

□ 蓝莓 [lánméi] 란메이 블루베리

□ 枣 [zǎo] 짜오 대추

□ 柚子 [yòuzi] 요우즈 자몽

□ 酸橙 [suānchéng] 쑤안청 라임

□ 杏 [xìng] 싱 살구

□ 鳄梨 [èlí] 어리 아보카도

□ 椰子 [yēzi] 예즈 코코넛

□ 无花果 [wúhuāguǒ] 우화궈 무화과

□ 香木瓜 [xiāngmùguā] 샹무궈 파파야

□ 石榴 [shíliu] 스류 석류

□ 覆盆子 [fùpénzǐ] 푸펀즈 산딸기

5 어패류(鱼贝类)

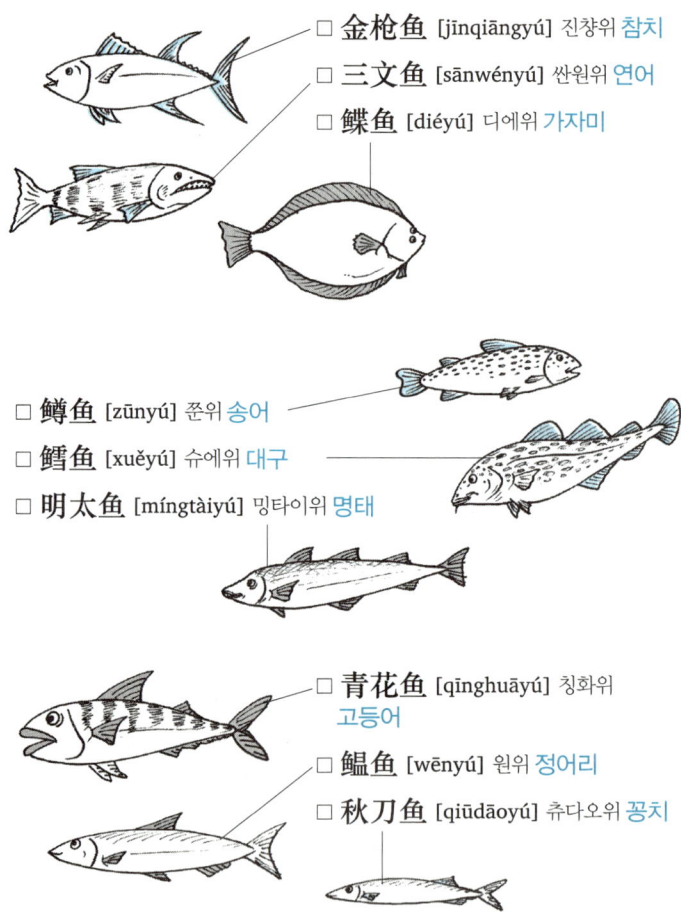

□ 金枪鱼 [jīnqiāngyú] 진챵위 참치

□ 三文鱼 [sānwényú] 싼원위 연어

□ 鲽鱼 [diéyú] 디에위 가자미

□ 鳟鱼 [zūnyú] 쭌위 송어

□ 鳕鱼 [xuěyú] 슈에위 대구

□ 明太鱼 [míngtàiyú] 밍타이위 명태

□ 青花鱼 [qīnghuāyú] 칭화위 고등어

□ 鳁鱼 [wēnyú] 원위 정어리

□ 秋刀鱼 [qiūdāoyú] 츄다오위 꽁치

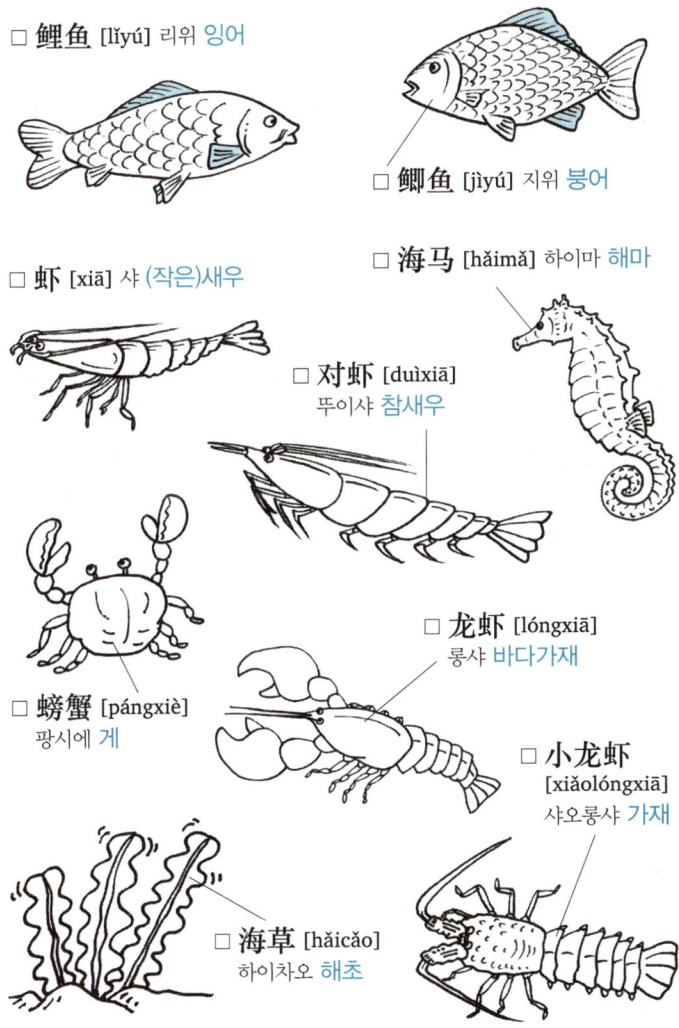

□ 鲤鱼 [lǐyú] 리위 잉어

□ 鲫鱼 [jìyú] 지위 붕어

□ 虾 [xiā] 샤 (작은)새우

□ 海马 [hǎimǎ] 하이마 해마

□ 对虾 [duìxiā]
뚜이샤 참새우

□ 螃蟹 [pángxiè]
팡시에 게

□ 龙虾 [lóngxiā]
롱샤 바다가재

□ 小龙虾
[xiǎolóngxiā]
샤오롱샤 가재

□ 海草 [hǎicǎo]
하이차오 해초

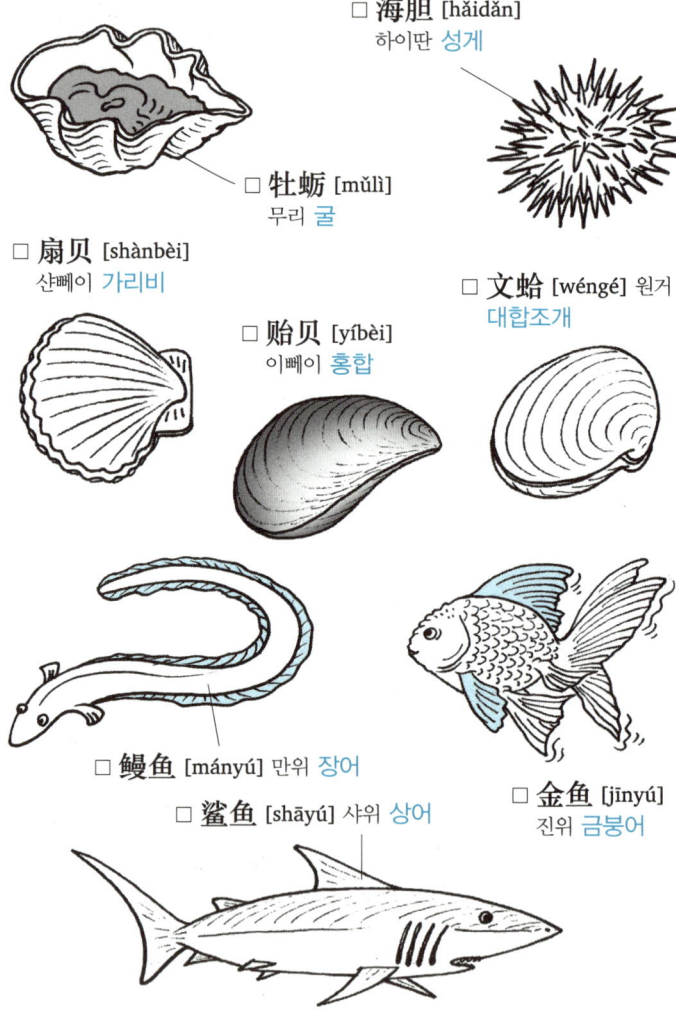

□ **海胆** [hǎidǎn]
하이딴 성게

□ **牡蛎** [mǔlì]
무리 굴

□ **扇贝** [shànbèi]
샨뻬이 가리비

□ **文蛤** [wéngé] 원거
대합조개

□ **贻贝** [yíbèi]
이뻬이 홍합

□ **鳗鱼** [mányú] 만위 장어

□ **鲨鱼** [shāyú] 샤위 상어

□ **金鱼** [jīnyú]
진위 금붕어

□ **章鱼** [zhāngyú]
장위 문어

□ **八爪鱼** [bāzhuǎyú]
빠좌위 낙지

□ **鱿鱼** [yóuyú]
요우위 오징어

□ **海蜇** [hǎizhé]
하이져 해파리

□ **海星** [hǎixīng] 하이싱
불가사리

□ **贝** [bèi] 뻬이 조개

□ **海参** [hǎishēn] 하이션 해삼

〈관련어〉

□ 藻类 [zǎolèi] 짜오레이 해조류

□ 海菜 [hǎicài] 하이차이 미역

□ 海带 [hǎidài] 하이따이 다시마

□ 紫菜 [zǐcài] 쯔차이 김

□ 浒苔 [hǔtái] 후타이 파래

□ 鲍鱼 [bàoyú] 바오위 전복

□ 鲆 [píng] 핑 넙치

□ 河豚 [hétún] 허툰 복어

□ **鲷鱼** [diāo yú] 댜오위 도미

□ **鲇鱼** [niányú] 니엔위 메기

□ **鲻鱼** [zīyú] 쯔위 숭어

□ **香鱼** [xiāngyú] 샹위 은어

□ **蜗螺** [wōluó] 워루오 다슬기

□ **食用蜗牛** [shíyòngwōniú] 스용워니우 식용달팽이

□ **牛蛙** [niúwā] 니우와 식용개구리

chapter 3 의복(衣服)

1 의복(衣服)

□ 衬衫 [chènshān]
천샨 와이셔츠

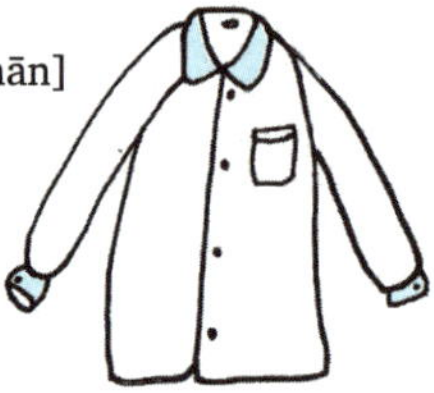

□ 正装 [zhèngzhuāng]
정좡 정장

□ 上装 [shàngzhuāng]
샹좡 웃옷

□ 女士衬衫 [nǚshìchènshān]
뉘스천샨 블라우스

□ 裤子 [kùzi]
쿠즈 바지

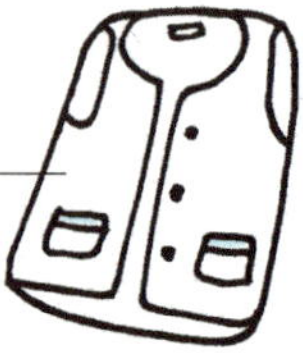

□ 背心 [bèixīn]
베이신 조끼

□ 马球衫 [mǎqiúshān]
마츄샨 폴로셔츠

□ **夹克** [jiākè]
쟈커 잠바

□ **毛衣** [máoyī]
마오이 스웨터

□ **大衣** [dàyī] 따이 코트

□ **连衣裙** [liányīqún]
리엔이췬 원피스

□ **无尾夜礼服**
[wúwěiyèlǐfú]
우웨이예리푸 턱시도

□ **短裤** [duǎnkù] 두안쿠 반바지

□ **裙子** [qúnzi] 췬즈 치마

□ 制服 [zhìfú]
즈푸 제복

□ 高领毛衣
[gāolǐngmáoyī]
까오링마오이
터틀넥 스웨터

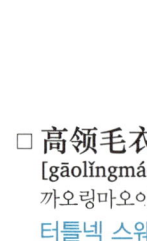

□ 雨衣 [yǔyī]
위이 비옷

□ 女睡衣 [nǚshuìyī]
뉘슈이이 여성잠옷

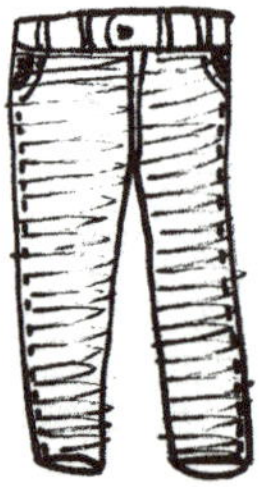

□ 便服 [biànfú]
비엔푸 평상복

□ 牛仔裤
[niúzǎikù]
뉴자이쿠 청바지

66

□ 背带裤 [bēidàikù] 베이따이쿠
멜빵바지

□ 羊毛衫
[yángmáoshān]
양마오샨 가디건

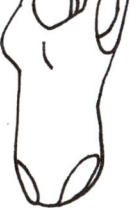

□ 游泳衣
[yóuyǒngyī]
요우용이 수영복

□ 内衣 [nèiyī]
네이이 속옷

□ 运动服 [yùndòngfú]
윈똥푸 운동복

□ 慢跑运动衣 [mànpǎoyùndòngyī]
만파오윈똥이 조깅복장

〈관련어〉

- □ **T恤** [T xù] 티쉬 티셔츠
- □ **迷你裙** [mínǐqún] 미니췬 미니스커트
- □ **长裙** [chángqún] 창췬 긴치마
- □ **外套** [wàitào] 와이타오 외투
- □ **穿着** [chuānzhuó] 촨주오 복장
- □ **服装** [fúzhuāng] 푸좡 복장

- □ **羽绒服** [yǔróngfú] 위룽푸 다운재킷
- □ **胸罩** [xiōngzhào] 슝쟈오 브래지어
- □ **休闲上衣** [xiūxiánshàngyī] 슈시엔샹이 블레이저
- □ **紧身内衣** [jǐnshēnnèiyī] 진션네이이 거들
- □ **高尔夫球裤** [gāoěrfūqiúkù] 까오얼푸츄쿠 골프바지

□ 衬裙 [chènqún] 천췬 슬립

□ 家常服 [jiāchángfú] 쟈창푸 실내복

□ 裤脚带 [kùjiǎodài] 쿠쟈오따이 양말대님

□ 衬里 [chènlǐ] 천리 안감

□ 纽扣 [niǔkòu] 뉴코우 단추

□ 拉链 [lāliàn] 라리엔 지퍼

□ 衬领 [chènlǐng] 천링 칼러

□ 口袋 [kǒudài] 코우따이 호주머니

□ V形领 [V xínglǐng] 브이싱링 v형 깃

□ 短袖 [duǎnxiù] 두안슈 반소매의

□ 紧 [jǐn] 진 몸에 꼭 맞는(끼는)

□ 松 [sōng] 쏭 (옷이)헐렁한

□ 整齐 [zhěngqí] 정치 단정한

2 신발(鞋)

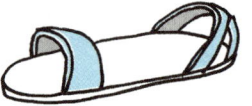

□ 凉鞋 [liángxié]
량시에 샌들

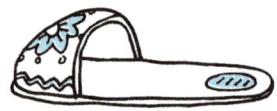

□ 拖鞋 [tuōxié] 투오시에 슬리퍼

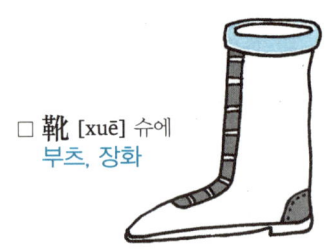

□ 靴 [xuē] 슈에
부츠, 장화

□ 高跟鞋 [gāogēnxié]
까오건시에 굽 높은 구두

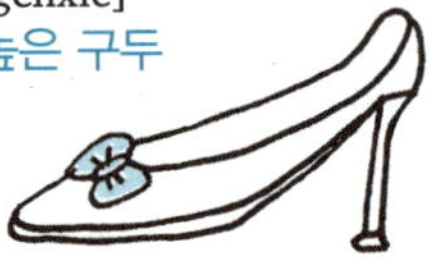

□ 皮便鞋 [píbiànxié]
피비엔시에 단화

□ 登山鞋 [dēngshānxié]
떵샨시에 **등산화**

□ 皮鞋 [píxié]
피시에 **가죽구두**

□ 运动鞋 [yùndòngxié]
윈똥시에 **운동화**

□ 胶鞋 [jiāoxié]
쟈오시에 **스니커즈**

〈관련어〉

□ 鞋子 [xiézi] 시에즈 신발

□ 胶靴 [jiāoxuē] 쟈오슈에 고무 장화

□ 鞋带 [xiédài] 시에따이 구두끈

□ 鞋拔子 [xiébázi] 시에바즈 구둣주걱

□ 铁掌 [tiězhǎng] 티에쟝 편자

□ 鞋类 [xiélèi] 시에레이 신발류

□ 脚凳 [jiǎodèng] 쟈오덩 발판

□ 鞋店老板 [xiédiànlǎobǎn] 시에디엔라오반 신발장수

□ 鞋店 [xiédiàn] 시에디엔 신발가게

□ 鞋铺 [xiépū] 시에푸 구둣방

□ **鞋类制造商** [xiélèizhìzàoshāng]
시에레이즈짜오샹 신발제조업자

□ **军靴** [jūnxuē] 쥔슈에 군화

□ **脚印** [jiǎoyìn] 쟈오인 발자국

□ **纸箱** [zhǐxiāng] 즈샹 구두상자

□ **鞋刷** [xiéshuā] 시에솨 구둣솔

□ **擦皮鞋的** [cāpíxiéde] 차피시에더 구두닦이

□ **鞋楦** [xiéxuàn] 시에쉬엔 구두의 골

□ **皮鞋扣儿** [píxiékòur] 피시에코울 구두의 죔쇠

3 소품(配饰)

□ 耳环 [ěrhuán] 얼환 귀걸이

□ 太阳镜 [tàiyángjìng] 타이양징 색안경

□ 镯子 [zhuózi] 주오즈 팔찌

□ 围巾 [wéijīn] 웨이진 목도리

□ 戒指 [jièzhi] 지에즈 반지

□ 饰针 [shìzhēn] 스젼 브로치

□ 手帕 [shǒupà] 소우파 손수건

□ 项链 [xiàngliàn] 샹리엔 목걸이

□ 长筒袜 [chángtǒngwà] 창통와 스타킹

□ 袜子 [wàzi] 와즈 양말

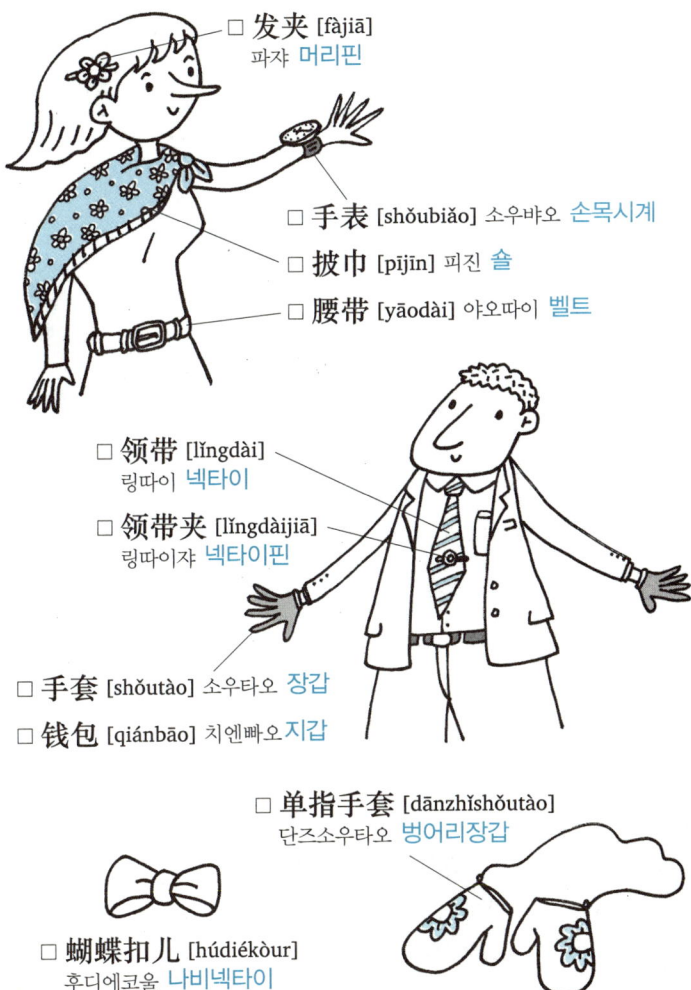

□ **发夹** [fàjiā]
파쟈 머리핀

□ **手表** [shǒubiǎo] 소우뱌오 손목시계

□ **披巾** [pījīn] 피진 숄

□ **腰带** [yāodài] 야오따이 벨트

□ **领带** [lǐngdài]
링따이 넥타이

□ **领带夹** [lǐngdàijiā]
링따이쟈 넥타이핀

□ **手套** [shǒutào] 소우타오 장갑

□ **钱包** [qiánbāo] 치엔빠오 지갑

□ **单指手套** [dānzhǐshǒutào]
단즈소우타오 벙어리장갑

□ **蝴蝶扣儿** [húdiékòur]
후디에코울 나비넥타이

75

〈관련어〉

□ **眼镜** [yǎnjìng] 옌징 안경

□ **望远镜** [wàngyuǎnjìng] 완위엔징 쌍안경

□ **双焦点眼镜** [shuāngjiāodiǎnyǎnjìng]
쐉쟈오디엔옌징 이중초점안경

□ **护目镜** [hùmùjìng] 후무징 보(호)안경

□ **花镜** [huājìng] 화징 돋보기 안경

□ **隐形眼镜** [yǐnxíngyǎnjìng] 인싱옌징 콘택트렌즈

□ **手提包** [shǒutíbāo] 소우티바오 핸드백

□ **连裤袜** [liánkùwà] 리엔쿠와 팬티스타킹

□ **围巾** [wéijīn] 웨이진 목도리

□ **首饰** [shǒushi] 소우스 머리장식

□ **棉猴儿帽** [miánhóuermào] 미엔호우얼마오 보닛

□ **镊子** [nièzi] 니에즈 족집게

□ **丝带** [sīdài] 쓰따이 리본

□ **移动电话** [yídòngdiànhuà] 이똥디엔화 이동전화

□ **手机** [shǒujī] 소우지 핸드폰

□ **气球** [qìqiú] 치츄 풍선

□ **护耳** [hùěr] 후얼 귀마개

□ **腰带** [yāodài] 야오따이 허리띠

77

4 보석류(珠宝)

□ **金刚石** [jīngāngshí]
진강스 다이아몬드

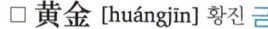

□ **黄金** [huángjīn] 황진 금

□ **祖母绿** [zǔmǔlǜ]
주무뤼 에머럴드

□ **银** [yín] 인 은

□ **珍珠** [zhēnzhū] 전주 진주

□ **红宝石** [hóngbǎoshí]
홍바오스 루비

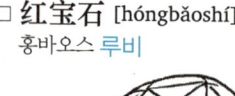

□ **珊瑚** [shānhú] 샨후 산호

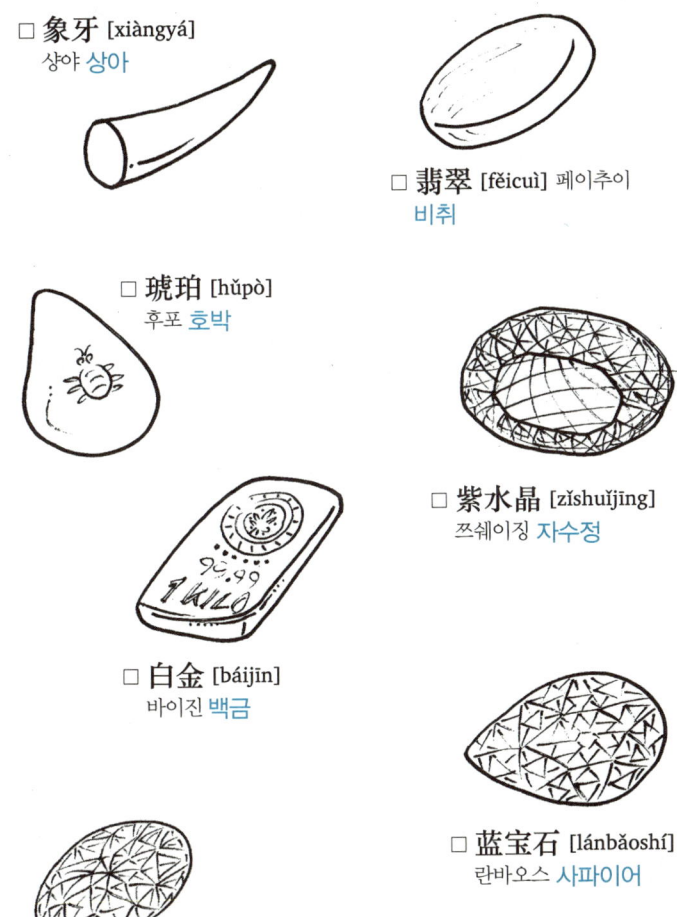

□ 象牙 [xiàngyá]
샹야 상아

□ 翡翠 [fěicuì] 페이추이
비취

□ 琥珀 [hǔpò]
후포 호박

□ 紫水晶 [zǐshuǐjīng]
쯔쉐이징 자수정

□ 白金 [báijīn]
바이진 백금

□ 蓝宝石 [lánbǎoshí]
란바오스 사파이어

□ 水晶 [shuǐjīng]
쉐이징 수정

〈관련어〉

- □ 黄玉 [huángyù] 황위 황옥
- □ 贵金属 [guìjīnshǔ] 꾸이진슈 귀금속
- □ 宝贝 [bǎobèi] 바오뻬이 보배
- □ 宝石 [bǎoshí] 바오스 보석
- □ 红玉 [hóngyù] 홍위 홍옥

- □ 东方红宝石 [dōngfānghóngbǎoshí] 똥팡홍바오스 진루비
- □ 宝石研磨(术) [bǎoshíyánmó(shù)] 바오스옌모(슈) 보석연마(술)
- □ 天然宝石 [tiānránbǎoshí] 티엔란바오스 보석(원석)
- □ 诞生石 [dànshēngshí] 딴셩스 탄생석

□ **伪造品** [wěizàopǐn] 웨이짜오핀 위조품, 가짜

□ **仿制品** [fǎngzhìpǐn] 팡즈핀 모조품

□ **珍珠** [zhēnzhū] 전주 진주

□ **人造珍珠** [rénzào zhēnzhū] 런짜오전주 모조진주

□ **养殖珍珠** [yǎngzhízhēnzhū] 양즈전주 양식진주

□ **宝石匠** [bǎoshíjiàng] 바오스쟝 보석세공인

□ **宝石细活** [bǎoshíxìhuó] 바오스시훠 보석세공

□ **珠宝商** [zhūbǎoshāng] 주바오샹 보석상

□ **红货铺** [hónghuòpù] 훙훠푸 보석가게

□ **宝石盒** [bǎoshíhé] 바오스허 보석상자

81

5 색깔(颜色)

□ 红色 [hóngsè] 홍써 빨강(색의)

□ 黄色 [huángsè] 황써 노랑(색의)

□ 蓝色 [lánsè] 란써 파랑(색의)

□ 橘黄色 [júhuángsè] 쥐황써 오렌지색(의)

□ 绿色 [lǜsè] 뤼써 녹색(의)

□ 紫色 [zǐsè] 쯔써 자주빛(의)

□ 粉红色 [fěnhóngsè] 펀홍써 연분홍(의)

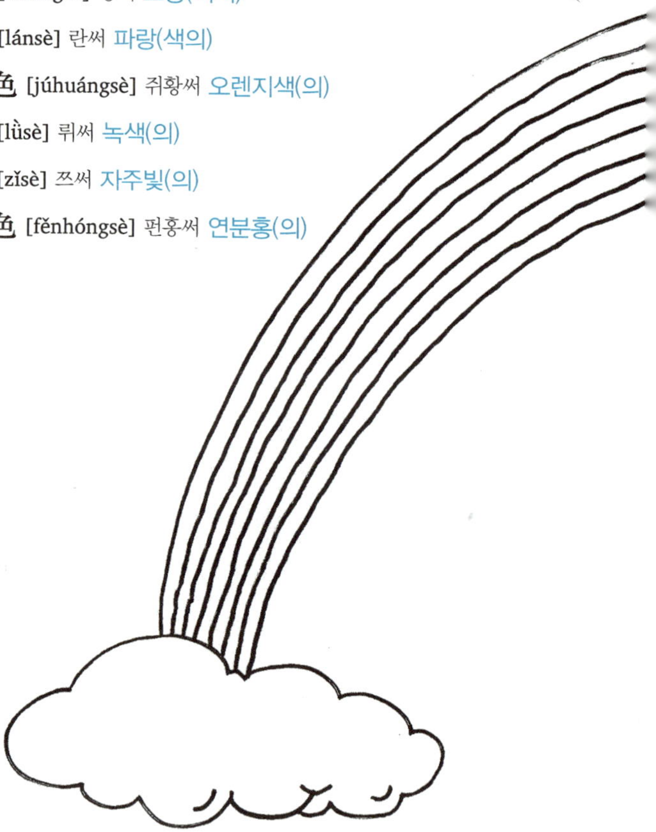

□ 绯紫 [fēizǐ] 페이쯔 보랏빛(의)

□ 碧色 [bìsè] 비써 청록색(의)

□ 黑色 [hēisè] 헤이써 검은색(의)

□ 白色 [báisè] 바이써 흰색(의)

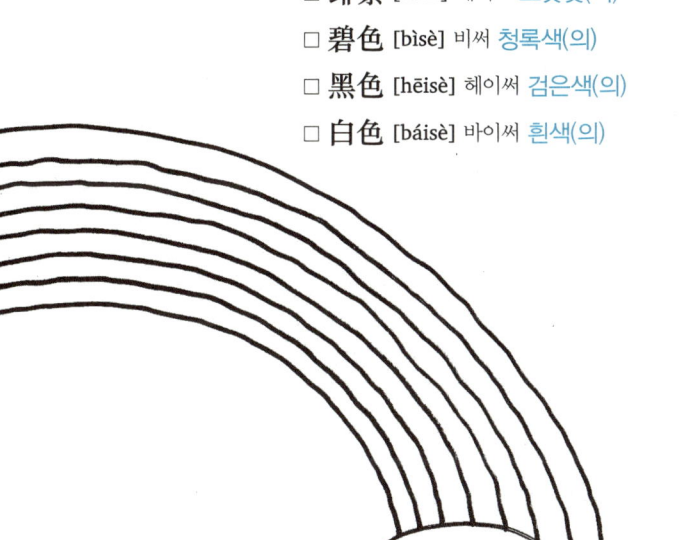

□ 灰色 [huīsè] 후이써 회색(의)

□ 米色 [mǐsè] 미써 크림색(의)

□ 茶褐色 [cháhèsè] 차허써 다갈색(의)

□ 米黄色 [mǐhuángsè] 미황써 베이지색(의)

〈관련어〉

□ **金黄色** [jīnhuángsè] 찐황써 황금색

□ **银色** [yínsè] 인써 은색

□ **天蓝色** [tiānlánsè] 티엔란써 하늘색

□ **深蓝** [shēnlán] 션란 짙은 청색

□ **深绿** [shēnlǜ] 션뤼 진초록

□ **淡绿** [dànlǜ] 딴뤼 연두색

□ **牙色** [yásè] 야써 상아빛

□ **桃红色** [táohóngsè] 타오홍써 복숭아빛

□ **深红色** [shēnhóngsè] 션홍써 심홍색

□ **朱红色** [zhūhóngsè] 주홍써 주홍

□ **金色的** [jīnsède] 찐써더 금빛의

□ 鲜明的 [xiānmíngde] 시엔밍더 (색깔이)선명한, 밝은

□ 呈褐色的 [chénghèsède] 청허써더 갈색을 띤

□ 带蓝色的 [dàilánsède] 따이란써더 푸르스름한

□ 发白的 [fābáide] 파바이더 희끄무레한

□ 黑沉沉 [hēichénchén] 헤이천천 어두운

□ 淡色 [dànsè] 단써 엷은 빛깔의

□ 深的 [shēnde] 션더 거무스름한

□ 色调 [sèdiào] 써댜오 색조

□ 柔和色 [róuhésè] 로우허써 부드러운 색

□ 色彩暗淡的 [sècǎiàndànde] 써차이안단더 색이 우중충한

□ 冷色 [lěngsè] 렁써 차분한 색

□ 亮色 [liàngsè] 량써 밝은 색

chapter 4 신체(身体)

1 우리몸(身体) – 얼굴(脸)

□ 头 [tóu] 토우 머리

□ 头发 [tóufa] 토우파 머리카락

□ 额 [é] 어 이마

□ 眉毛 [méimao]
메이마오 눈썹

□ 眼睛 [yǎnjing]
옌징 눈

□ 瞳孔 [tóngkǒng] 통콩
눈동자

□ 眼皮 [yǎnpí]
옌피 눈꺼풀

□ 睫毛 [jiémáo]
지에마오 속눈썹

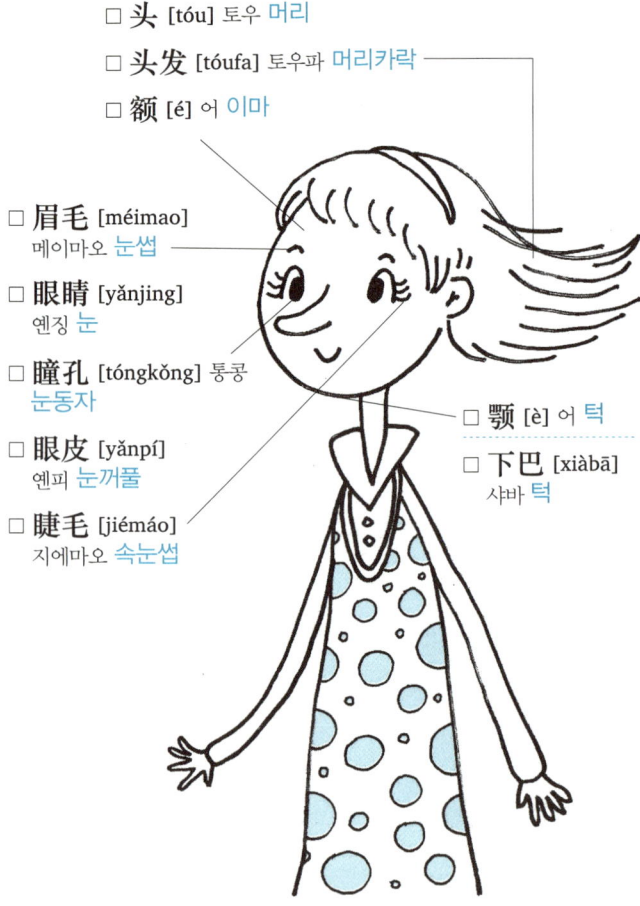

□ 颚 [è] 어 턱

□ 下巴 [xiàbā]
샤바 턱

□ 痘痘 [dòudòu] 또우또우 여드름

□ 皱纹 [zhòuwén] 조우원 주름

□ 瘊子 [hóuzi] 호우즈 점

□ 太阳穴 [tàiyángxué]
타이양슈에 관자놀이
□ 雀斑 [quèbān]
취에반 주근깨
□ 伤痕 [shānghén]
샹흔 흉터
□ 面颊 [miànjiá]
미엔쟈 볼

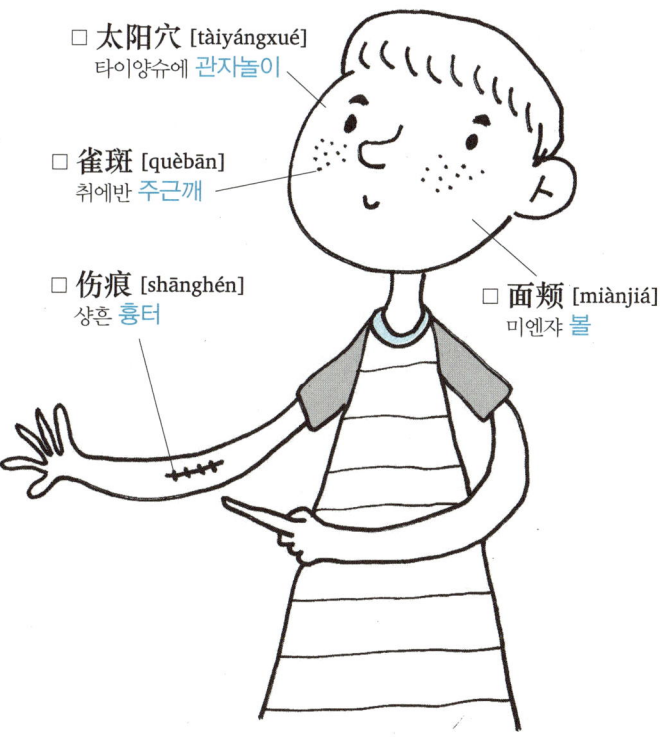

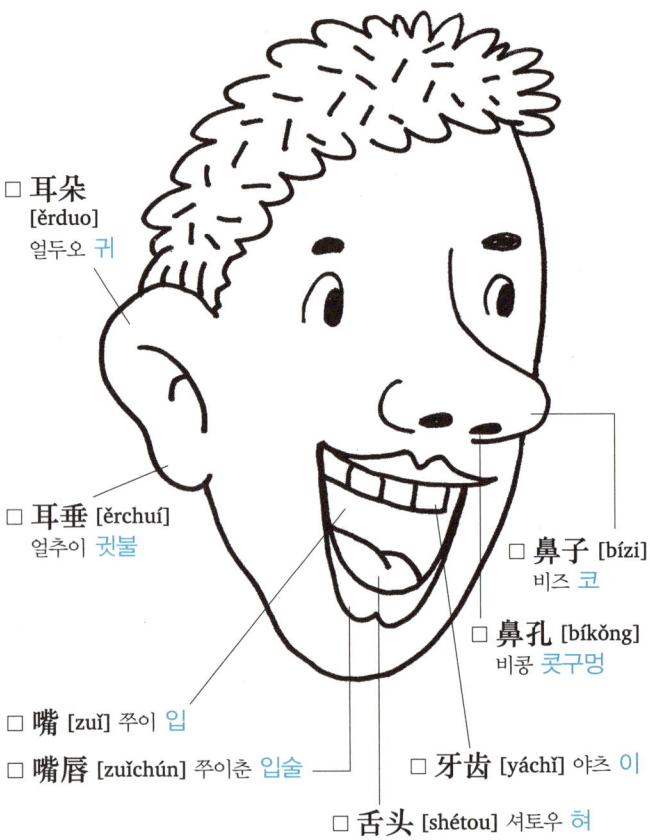

□ **耳朵**
[ěrduo]
얼두오 귀

□ **耳垂** [ěrchuí]
얼추이 귓불

□ **嘴** [zuǐ] 쭈이 입

□ **嘴唇** [zuǐchún] 쭈이춘 입술

□ **鼻子** [bízi]
비즈 코

□ **鼻孔** [bíkǒng]
비콩 콧구멍

□ **牙齿** [yáchǐ] 야츠 이

□ **舌头** [shétou] 셔토우 혀

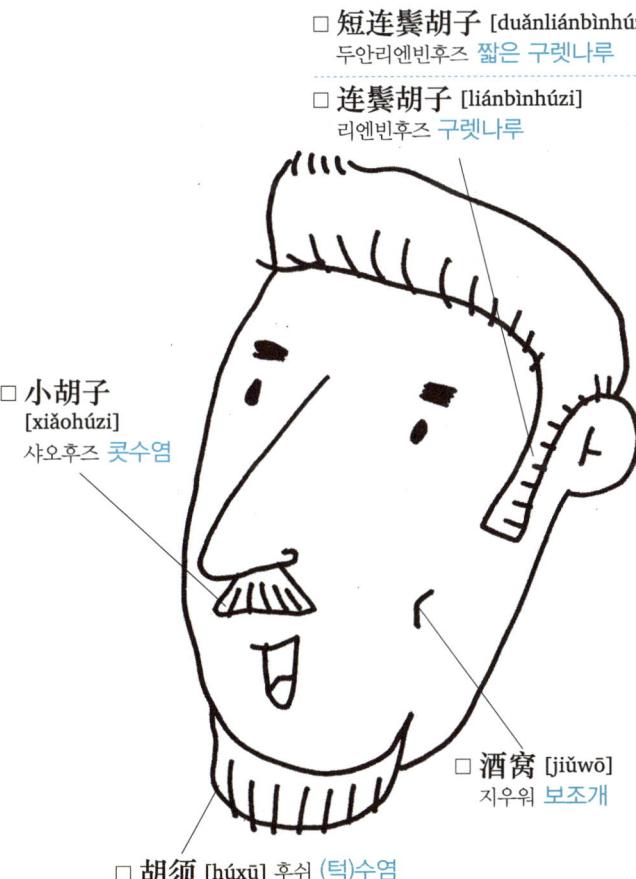

□ **短连鬓胡子** [duǎnliánbìnhúzǐ]
두안리엔빈후즈 짧은 구렛나루

□ **连鬓胡子** [liánbìnhúzi]
리엔빈후즈 구렛나루

□ **小胡子**
[xiǎohúzi]
샤오후즈 콧수염

□ **酒窝** [jiǔwō]
지우워 보조개

□ **胡须** [húxū] 후쉬 (턱)수염

□ **山羊胡子** [shānyánghúzǐ] 샨양후즈 염소수염

〈관련어〉

□ 双眼皮 [shuāngyǎnpí] 슈앙옌피 쌍꺼풀

□ 单眼皮 [dānyǎnpí] 딴옌피 홑꺼풀

□ 上眼睑 [shàngyǎnjiǎn] 샹옌지엔 윗눈꺼풀

□ 下眼睑 [xiàyǎnjiǎn] 샤옌지엔 아랫눈꺼풀

□ 上唇 [shàngchún] 샹춘 윗입술

□ 下唇 [xiàchún] 샤춘 아랫입술

□ 齿龈 [chǐyín] 츠인 잇몸

□ 秃头 [tūtóu] 투토우 대머리

□ 短发 [duǎnfà] 두안파 단발

□ 卷发 [juǎnfà] 쥐엔파 고수머리

□ 马尾式辫子 [mǎměishìbiànzi] 마메이스비엔즈 포니테일

□ 辫子 [biànzi] 비엔즈 땋은 머리

□ 圆蓬式发型 [yuánpéngshìfàxíng] 위엔펑스파싱
아프로(아프리카풍의 둥그런 머리형)

□ 发式 [fàshì] 파스 머리모양

□ 蓝眼睛的 [lányǎnjingde] 란옌징더 푸른 눈의

□ 睡眼 [shuìyǎn] 슈이옌 졸린듯한 눈

□ 棕色眼睛 [zōngsèyǎnjing] 종써옌징 갈색 눈동자

□ 亲切的目光 [qīnqièdemùguāng] 친치에더무광 호의적인 눈

□ 视力检查表 [shìlìjiǎnchábiǎo] 스리지엔차뱌오 시력검사표

□ 侧影 [cèyǐng] 처잉 옆모습

□ 脸色 [liǎnsè] 리엔써 안색

□ 扑克面孔 [pūkèmiànkǒng] 푸커미엔콩 포커페이스

□ 皱着眉头的脸 [zhòuzhemeítóudeliǎn]
조우즈메이토우더리엔 찡그린 얼굴

□ 茫凝视 [mángníngshì] 망닝스 멍한 눈

2 우리몸(身体) – 보이는 부분(可看见的部分)

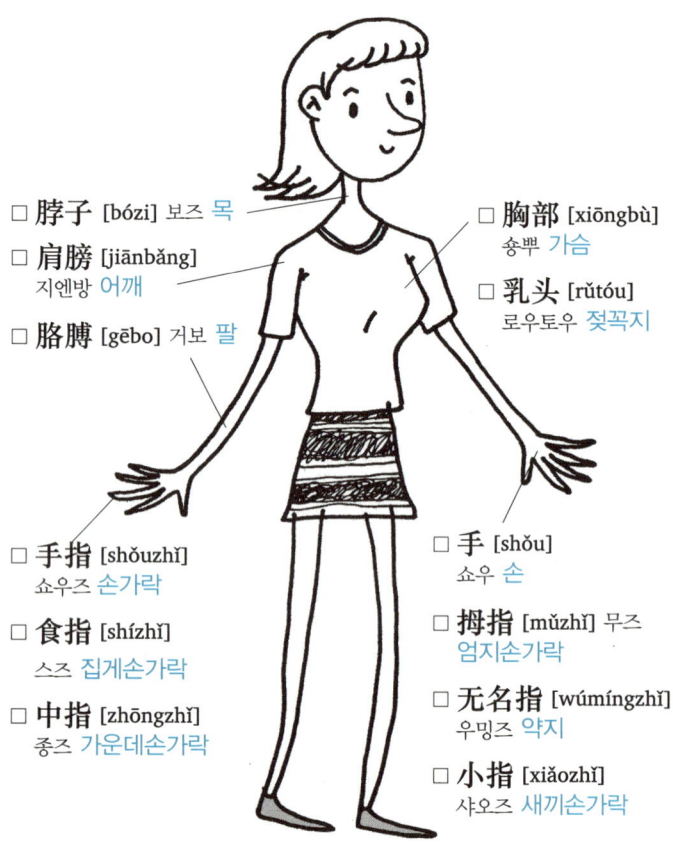

□ **脖子** [bózi] 보즈 목

□ **肩膀** [jiānbǎng]
지엔방 어깨

□ **胳膊** [gēbo] 거보 팔

□ **手指** [shǒuzhǐ]
쇼우즈 손가락

□ **食指** [shízhǐ]
스즈 집게손가락

□ **中指** [zhōngzhǐ]
종즈 가운데손가락

□ **胸部** [xiōngbù]
숑뿌 가슴

□ **乳头** [rǔtóu]
로우토우 젖꼭지

□ **手** [shǒu]
쇼우 손

□ **拇指** [mǔzhǐ] 무즈
엄지손가락

□ **无名指** [wúmíngzhǐ]
우밍즈 약지

□ **小指** [xiǎozhǐ]
샤오즈 새끼손가락

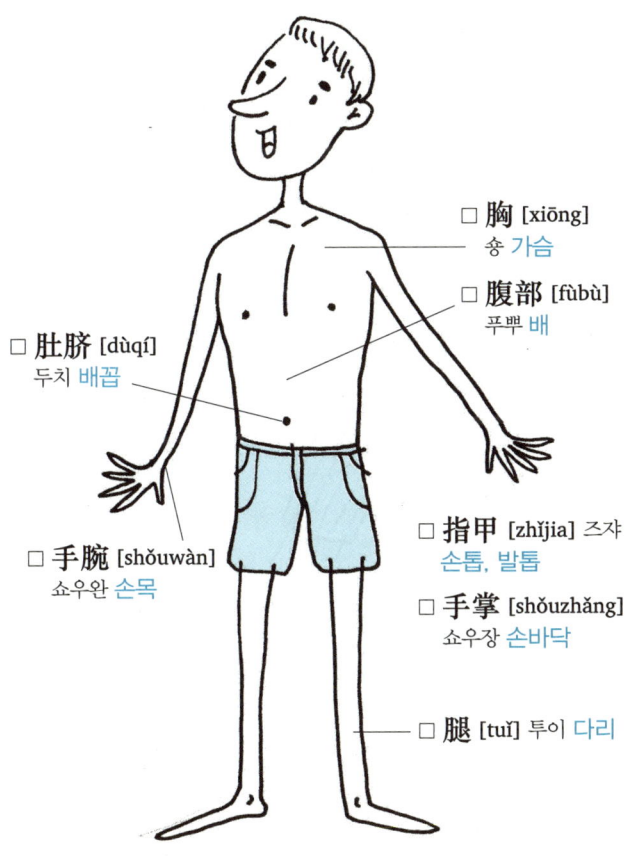

□ 胸 [xiōng]
숑 가슴

□ 腹部 [fùbù]
푸뿌 배

□ 肚脐 [dùqí]
두치 배꼽

□ 手腕 [shǒuwàn]
쇼우완 손목

□ 指甲 [zhǐjia] 즈쟈
손톱, 발톱

□ 手掌 [shǒuzhǎng]
쇼우장 손바닥

□ 腿 [tuǐ] 투이 다리

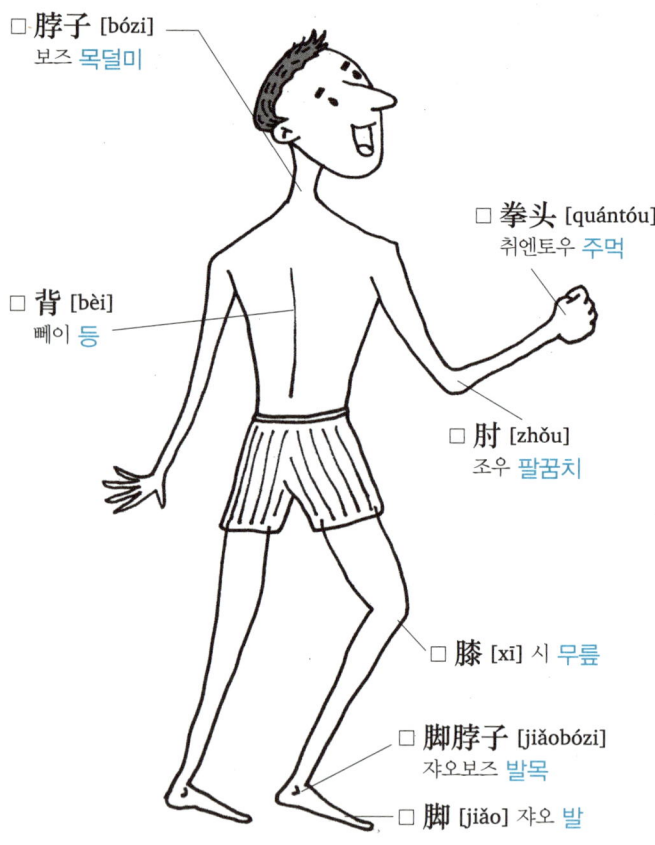

□ **脖子** [bózi]
보즈 목덜미

□ **拳头** [quántóu]
취엔토우 주먹

□ **背** [bèi]
뻬이 등

□ **肘** [zhǒu]
조우 팔꿈치

□ **膝** [xī] 시 무릎

□ **脚脖子** [jiǎobózi]
쟈오보즈 발목

□ **脚** [jiǎo] 쟈오 발

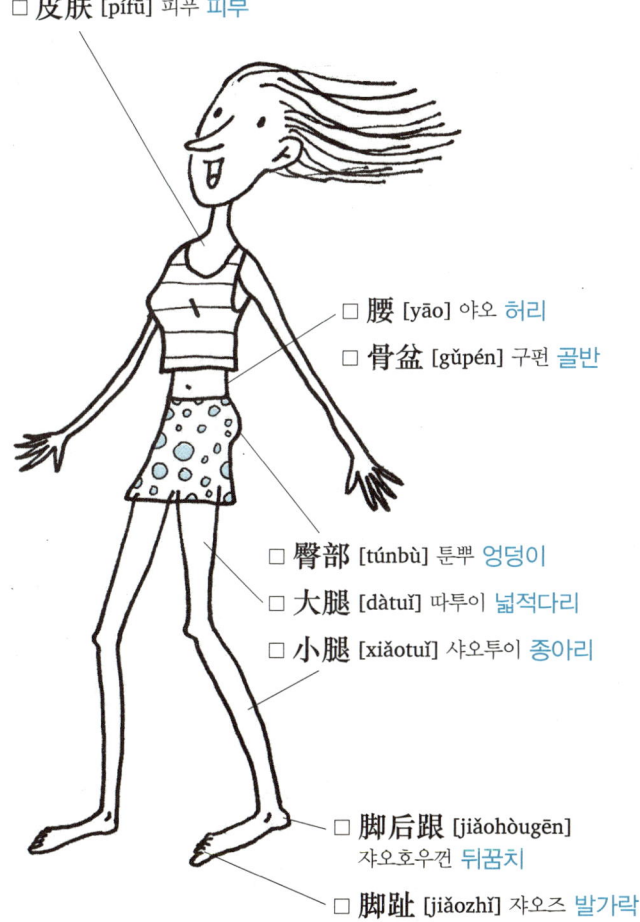

□ 皮肤 [pífū] 피푸 피부

□ 腰 [yāo] 야오 허리
□ 骨盆 [gǔpén] 구펀 골반

□ 臀部 [túnbù] 툰뿌 엉덩이
□ 大腿 [dàtuǐ] 따투이 넓적다리
□ 小腿 [xiǎotuǐ] 샤오투이 종아리

□ 脚后跟 [jiǎohòugēn]
   쟈오호우껀 뒤꿈치
□ 脚趾 [jiǎozhǐ] 쟈오즈 발가락

〈관련어〉

□ 皮肤 [pífū] 피푸 피부

□ 白皙的皮肤 [báixīdepífū] 바이시더피푸 하얀 살결

□ 外皮 [wàipí] 와이피 표피

□ 臀部 [túnbù] 툰뿌 엉덩이

□ 足 [zú] 쭈 발

□ 脚尖 [jiǎojiān] 쟈오지엔 발끝

□ 脚指甲 [jiǎozhǐjia] 쟈오즈쟈 발톱

□ 大脚趾 [dàjiǎozhǐ] 따쟈오즈 엄지발가락

□ 小趾 [xiǎozhǐ] 샤오즈 새끼발가락

□ 体重 [tǐzhòng] 티종 몸무게

□ 个子 [gèzi] 거즈 키

□ **胖的人** [pàngderén] 팡더런 뚱뚱한 사람

□ **极瘦的** [jíshòude] 지쇼우더 바싹 마른

□ **胖姑娘** [pànggūniang] 팡꾸냥 뚱뚱한 여인

□ **丰满** [fēngmǎn] 펑만 풍만한

□ **暄乎乎的脸蛋** [xuānhūhūdeliǎndàn] 쉬엔후후더렌딴 통통한 볼

□ **高大的** [gāodàde] 까오따더 키 큰

□ **矮的** [ǎide] 아이더 키가 작은

□ **可爱的脸** [kě'àideliǎn] 커아이더렌 애교 있는 얼굴

□ **可爱** [kě'ài] 커아이 귀여운

□ **苍白** [cāngbái] 창바이 얼굴이 창백한

□ **漂亮** [piàoliang] 퍄오량 아름다운

□ **帅** [shuài] 슈아이 잘생긴

□ **美貌** [měimào] 메이마오 아름다운 얼굴

□ **外耳** [wài'ěr] 와이얼 외이

3 우리몸(身体) – 보이지 않는 부분(看不见的部分)

□ 脑 [nǎo] 나오 뇌

□ 嗓子 [sǎngzi] 상즈 목(구멍)

□ 肋骨 [lèigǔ] 레이구 늑골

□ 胃 [wèi] 웨이 위

□ 子宫 [zǐgōng] 쯔꽁 자궁

□ 神经元 [shénjīngyuán] 션징위엔 신경단위, 뉴런

□ 骨头 [gǔtou] 구토우 뼈

□ 肌肉 [jīròu] 지로우 근육

□ 关节 [guānjié] 관지에 관절

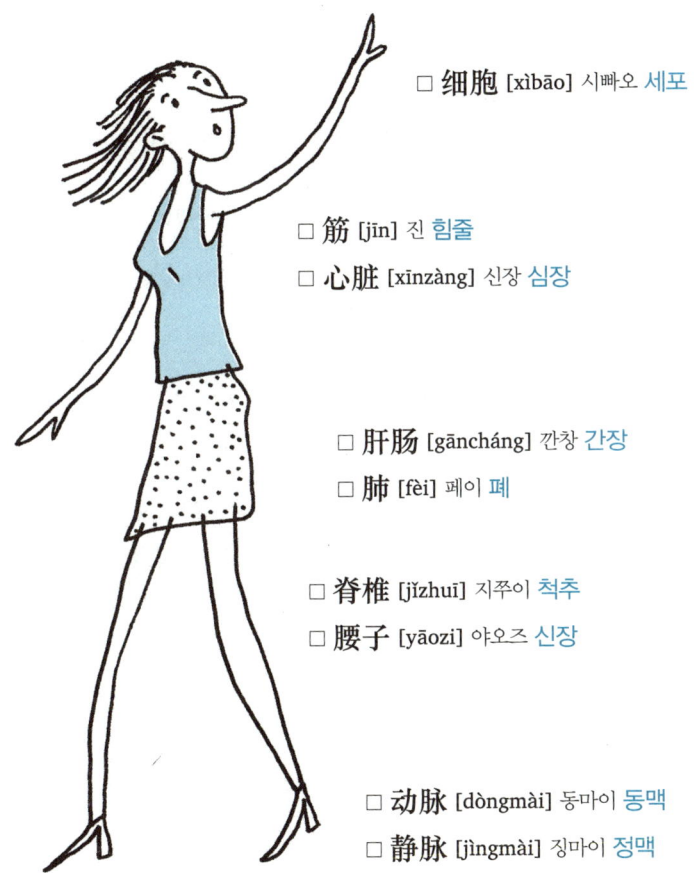

□ 细胞 [xìbāo] 시빠오 세포

□ 筋 [jīn] 진 힘줄

□ 心脏 [xīnzàng] 신장 심장

□ 肝肠 [gāncháng] 깐창 간장

□ 肺 [fèi] 페이 폐

□ 脊椎 [jǐzhuī] 지쭈이 척추

□ 腰子 [yāozi] 야오즈 신장

□ 动脉 [dòngmài] 동마이 동맥

□ 静脉 [jìngmài] 징마이 정맥

□ 膀胱 [pángguāng]
팡광 방광

□ 血管 [xuèguǎn]
슈에꽌 혈관

□ 悬雍垂 [xuányōngchuí] 쉬엔용추이 목젖

□ 胰脏 [yízàng] 이짱 췌장

□ 胆囊 [dǎnnáng] 딴낭 쓸개

□ 十二指肠 [shí'èrzhǐcháng] 스얼즈창 십이지장

□ 肠 [cháng] 창 장

□ 大肠 [dàcháng] 따창 대장

□ 小肠 [xiǎocháng]
샤오창 소장

□ 肉 [ròu] 로우 살

□ 血 [xuè] 슈에 피

□ 声音 [shēngyīn] 셩인 목소리

□ 呼吸 [hūxī] 후시 숨

〈관련어〉

□ 肠子 [chángzi] 창즈 창자

□ 盲肠 [mángcháng] 망창 맹장

□ 真皮 [zhēnpí] 전피 진피

□ 耳尖 [ěrjiān] 얼지엔 귀가 예민하다

□ 耳朵灵 [ěrduolíng] 얼두오링 귀가 밝다

□ 咽喉 [yānhóu] 옌호우 목구멍

□ 内耳 [nèi'ěr] 네이얼 내이

□ 鼓膜 [gǔmó] 구모 고막

□ 肠胃 [chángwèi] 창웨이 소화기관

□ 好听的声音 [hǎotīngdeshēngyīn] 하오팅더셩인 좋은 목소리

□ 胸音 [xiōngyīn] 숑인 흉성

□ 头音 [tóuyīn] 토우인 두성

□ 哑嗓 [yǎsǎng] 야상 목쉰 소리

□ **尖叫声** [jiānjiàoshēng] 지엔쟈오셩 새된 소리

□ **低沉的嗓音** [dīchéndesǎngyīn] 디천더상인 힘찬 저음

□ **酣梦** [hānmèng] 한멍 깊은 잠

□ **气管** [qìguǎn] 치꽌 (호흡)기관

□ **感觉器官** [gǎnjuéqìguān] 간주에치꽌 감각기관

□ **生命器官** [shēngmìngqìguān] 셩밍치꽌 중요기관

□ **要害** [yàohài] 야오하이 급소

□ **生机** [shēngjī] 셩지 생명력

□ **饥饿感** [jī'ègǎn] 지어간 공복감

□ **不安感** [bù'āngǎn] 뿌안간 불안감

□ **能源** [néngyuán] 넝위엔 에너지원

□ **体力** [tǐlì] 티리 체력

□ **精力** [jīnglì] 징리 기력

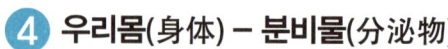

④ 우리몸(身体) – 분비물(分泌物)

□ 耳垢 [ěrgòu] 얼고우 귀지
□ 眼泪 [yǎnlèi] 옌레이 눈물

□ 鼻牛儿 [bíniúr]
비뉴얼 코딱지

□ 头屑 [tóuxiè] 토우시에 비듬

□ 饱嗝儿 [bǎogér]
바오걸 트림

□ 小便 [xiǎobiàn]
샤오비엔 오줌

□ 污物 [wūwù] 우우
오물

□ 屁 [pì] 피 방귀

104

□ 呵欠 [hēqiàn] 허치엔 하품
□ 汗水 [hànshuǐ] 한쉐이 땀

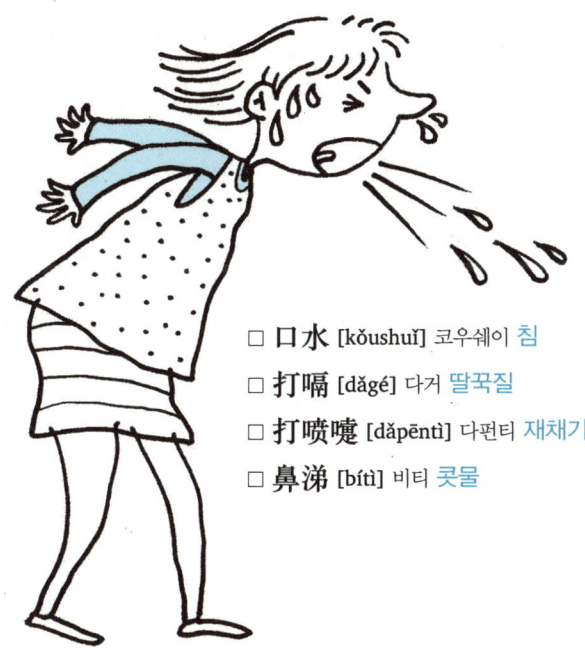

□ 口水 [kǒushuǐ] 코우쉐이 침
□ 打嗝 [dǎgé] 다거 딸꾹질
□ 打喷嚏 [dǎpēntì] 다펀티 재채기
□ 鼻涕 [bítì] 비티 콧물

〈관련어〉

□ 泌尿系统 [mìniàoxìtǒng] 미냐오시통 분비기관

□ 汗腺 [hànxiàn] 한시엔 땀샘

□ 冷汗 [lěnghàn] 렁한 식은땀

□ 内分泌 [nèifēnmì] 네이펀미 내분비(작용)

□ 内出血 [nèichūxuè] 네이추슈에 내출혈

□ 分泌器官 [fēnmìqìguān] 펀미치꽌 분비선

□ 促胰液素 [cùyíyèsù] 추이예쑤
세크레틴(소장내에 생기는 호르몬)

□ 分泌过剩 [fēnmìguòshèng] 펀미구오셩 과잉분비

□ 排泄 [páixiè] 파이시에 배설

□ 排泄物 [páixièwù] 파이시에우 배설물

□ 粪 [fèn] 펀 배설물, 똥

□ 屑 [xiè] 시에 찌끼

□ 甲状腺 [jiǎzhuàngxiàn] 쟈좡시엔 갑상선

□ 甲状腺素 [jiǎzhuàngxiànsù] 쟈좡시엔쑤 티록신(갑상선호르몬)

□ 叹息 [tànxī] 탄시 한숨

□ 呼吸 [hūxī] 후시 숨, 호흡

□ 咳嗽 [késou] 커소우 기침

□ 饱嗝儿 [bǎogér] 바오걸 트림

chapter **5**

성격(性格)

1 느낌(感觉)

□ **心情** [xīnqíng] 신칭 기분
□ **爱** [ài] 아이 사랑

□ **高兴** [gāoxìng] 까오싱 기쁨
□ **兴奋** [xīngfèn] 싱펀 흥분
□ **幸福** [xìngfú] 싱푸 행복
□ **愉快** [yúkuài] 위콰이 유쾌함
□ **有趣** [yǒuqù] 요우취 재미

□ **亲切** [qīnqiè] 친치에 친절
□ **想象(力)** [xiǎngxiàng(lì)] 샹샹(리) 상상(력)
□ **感情** [gǎnqíng] 간칭 감정

□ **希望** [xīwàng] 시왕 희망

□ **安心** [ānxīn] 안신 안심

□ **信任** [xìnrèn] 신런 신뢰

□ **安慰** [ānwèi]
　안웨이 위로

□ **同情** [tóngqíng]
　통칭 동정

□ **害怕** [hàipà] 하이파 두려움

□ **担心** [dānxīn] 딴신 걱정

□ **焦虑** [jiāolǜ] 쟈오뤼 근심

□ **苦恼** [kǔnǎo] 쿠나오 고민

□ **神经过敏** [shénjīngguòmǐn]
　션징구오민 신경과민

109

□ **生气** [shēngqì] 셩치
　 성, 화

□ **羞耻** [xiūchǐ] 슈츠
　 부끄러움

□ **失望** [shīwàng]
　 스왕 실망

□ **嫉妒** [jídù] 지두 질투

□ **怜悯** [liánmǐn] 리엔민 동정

□ **感谢** [gǎnxiè] 간씨에 감사

□ **悲哀** [bēi'āi] 뻬이아이
　 비애

□ **误会** [wùhuì]
　 우후이 오해

□ **惊慌** [jīnghuāng] 징황
　 놀람

□ **危险** [wēixiǎn]
웨이시엔 위험

□ **看护** [kānhù] 칸후
주의

□ **欢喜** [huānxǐ] 환시 환희

□ **平和** [pínghé] 핑허 평화

□ **情绪** [qíngxù] 칭쉬 감정

□ **满意** [mǎnyì] 만이 만족

□ **赶紧** [gǎnjǐn] 간진 서두름

□ **急忙** [jímáng] 지망 급함

□ **不满** [bùmǎn] 뿌만
불만

□ **期待** [qīdài] 치따이
기대

□ 印象 [yìnxiàng] 인샹 인상
□ 佩服 [pèifú] 페이푸 감탄
□ 震惊 [zhènjīng] 전징 경악

□ 烦恼 [fánnǎo]
판나오 걱정
□ 仇恨 [chóuhèn]
초우헌 증오

□ 轻率 [qīngshuài] 칭슈아이
경솔함

□ 懊悔 [àohuǐ] 아오후이
후회

□ 孤独 [gūdú] 구두 고독

112

□ **压力** [yālì] 야리 압박

□ **恼怒** [nǎonù] 나오누 초조

□ **威严** [wēiyán] 웨이옌 위엄

□ **笑** [xiào] 샤오 웃음

□ **娱乐** [yúlè] 위러 오락

□ **偏见** [piānjiàn] 피엔지엔 편견

□ **挫折** [cuòzhé] 추오저 좌절

□ **骄傲** [jiāoào] 쟈오아오 자만

113

□ **镇定** [zhèndìng] 전딩 냉정

□ **智慧** [zhìhuì] 즈후이 지혜

□ **激动** [jīdòng] 지동 전율

□ **恐怖** [kǒngbù] 콩뿌 공포

□ **痛苦** [tòngkǔ] 통쿠
　　괴로움

□ **欢乐** [huānlè] 환러 기쁨

□ **幽默** [yōumò] 요우모
　　유머

□ **兴趣** [xìngqù] 싱취
　　흥미

□ **沮丧** [jǔsàng] 쥐상 의기소침
□ **诱惑** [yòuhuò] 요우후오 유혹

□ **自由** [zìyóu] 쯔요우 자유
□ **诚实** [chéngshí] 청스 성실
□ **真实** [zhēnshí] 전스 진실

□ **紧张** [jǐnzhāng] 진장
　　긴장

□ **感激** [gǎnjī] 간지 감격

〈관련어〉

□ 胆量 [dǎnliàng] 딴량 담대함

□ 胡吹 [húchuī] 후추이 허세

□ 勇敢 [yǒnggǎn] 용간 용감함

□ 理想 [lǐxiǎng] 리샹 이상

□ 理想朋友 [lǐxiǎngpéngyǒu] 리샹펑요우 이상적인 벗

□ 旅伴 [lǚbàn] 뤼빤 여행의 길동무

□ 自暴自弃 [zìbàozìqì] 쯔빠오쯔치 자포자기

□ 白日梦 [báirìmèng] 바이르멍 백일몽

□ 忧郁 [yōuyù] 요우위 우울한

□ 无理取闹 [wúlǐqǔnào] 우리취나오 트집

□ 无能力 [wúnénglì] 우넝리 무능력

□ 英雄气概 [yīngxióngqìgài] 잉숑치까이 영웅적자질

□ **残忍** [cánrěn] 찬런 잔악함

□ **能力** [nénglì] 넝리 능력

□ **作用** [zuòyòng] 쭈오용 기능

□ **寂寞** [jìmò] 지모 외로움

□ **有礼貌** [yǒulǐmào] 요우리마오 예의바름

□ **妒忌** [dùjì] 두지 시샘

□ **真实** [zhēnshí] 전스 성실

□ **纯净** [chúnjìng] 춘징 청정

□ **信念** [xìnniàn] 신니엔 신념

□ **信心** [xìnxīn] 신신 믿음

□ **缺乏自信** [quēfázìxìn] 취에파쯔신 자신없음

□ **忠诚** [zhōngchéng] 종청 충실

□ **谦逊** [qiānxùn] 치엔쉰 겸손

2 감정(感情)

□ 幸福的 [xìngfúde] 싱푸더 행복한

□ 悲哀的 [bēiāide] 뻬이아이더 슬픈

□ 激动的 [jīdòngde] 지동더 격렬한

□ 冷淡的 [lěngdànde] 렁단더 냉정한

□ 慌张的 [huāngzhāngde] 황장더 당황한

□ 困乏的 [kùnfáde] 쿤파더 졸린

□ 疲倦的 [píjuànde] 피쥐엔더 지친

□ 瘫软的 [tānruǎnde] 탄루안더 녹초가 된

□ 吃饱的 [chībǎode]
츠바오더 배부른

□ 饥饿的 [jīède]
지에더 배고픈

□ 惊讶的 [jīngyàde]
징야더 깜짝 놀란

□ 惭愧的
[cánkuìde] 찬쿠이더
부끄러운

□ 渴望的
[kěwàngde] 커왕더
갈망하는

□ 好的 [hǎode] 하오더 좋은

□ 优秀的 [yōuxiùde] 요우시우더 뛰어난

□ 伟大的 [wěidàde] 웨이따더 위대한

119

□ 疯狂的 [fēngkuángde] 펑쾅더 미친

□ 喜爱的 [xǐàide]
시아이더 마음에 드는

□ 公平的 [gōngpíngde]
꽁핑더 공평한

□ 温和的 [wēnhéde]
원허더 온화한

□ 客气的 [kèqìde]
커치더 공손한

□ 了不起的 [liǎobùqǐde]
랴오부치더 굉장한

□ 精彩的 [jīngcǎide] 징차이더 훌륭한

□ 出色的 [chūsède] 추써더
우수한

□ **残酷的** [cánkùde] 찬쿠더
잔혹한

□ **可怕的** [kěpàde] 커파더
무서운

□ **强健的** [qiángjiànde]
챵지엔더 **강한**

□ **无聊的** [wúliáode]
우랴오더 **지루한**

□ **虚弱的** [xūruòde] 쉬루오더
약한

□ **恐惧的** [kǒngjùde] 콩쥐더
무서워하는

□ **真实的** [zhēnshíde]
전스더 **진실한**

□ **有病的** [yǒubìngde]
요우삥더 **병에 걸린**

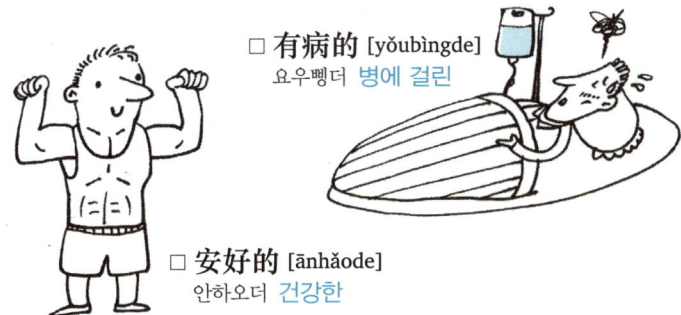

□ **安好的** [ānhǎode]
안하오더 **건강한**

121

□ 一定的 [yídìngde] 이딩더 틀림없는

□ 确信的 [quèxìnde] 취에신더 확실한

□ 完美的 [wánměide] 완메이더 완전한

□ 紧密的 [jǐnmìde]
진미더 빽빽한

□ 正直的 [zhèngzhíde]
정즈더 정직한

□ 怀疑的 [huáiyíde]
화이이더 의심스러운

□ 潇洒的 [xiāosǎde]
샤오사더 스마트한

□ 幽默的
[yōumòde] 요우모더
유머가 풍부한

□ 傻的 [shǎde] 샤더
바보같은

□ **失望的** [shīwàngde]
　스왕더 실망한

□ **无礼的** [wúlǐde]
　우리더 무례한

□ **困惑的** [kùnhuòde]
　쿤후오더 당황한

□ **孤独的** [gūdúde]
　구두더 외로운

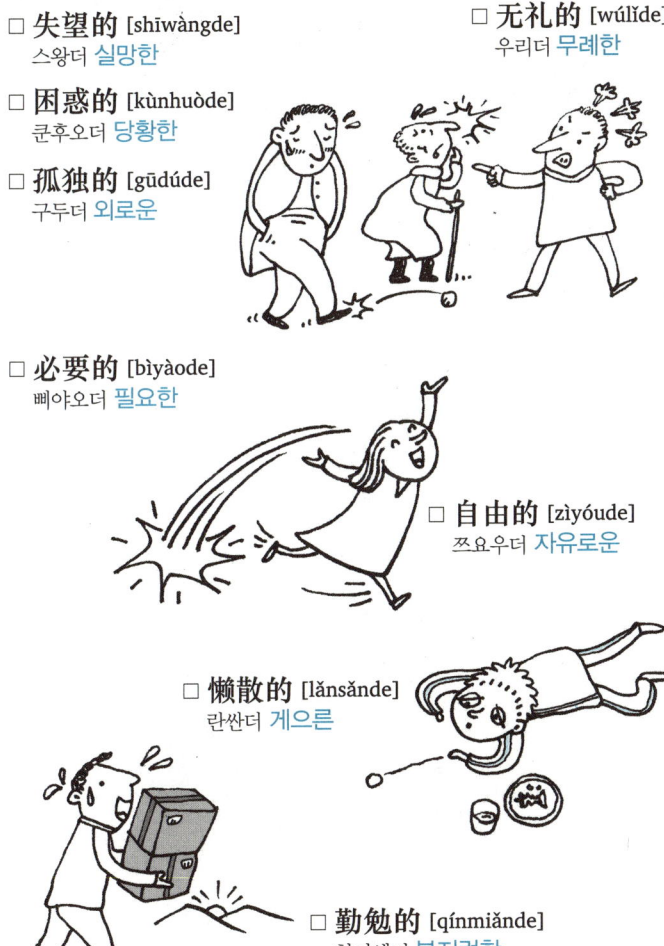

□ **必要的** [bìyàode]
　삐야오더 필요한

□ **自由的** [zìyóude]
　쯔요우더 자유로운

□ **懒散的** [lǎnsǎnde]
　란싼더 게으른

□ **勤勉的** [qínmiǎnde]
　친미엔더 부지런한

□ **有活力的** [yǒuhuólìde]
요우훠리더 생생한

□ **可靠的** [kěkàode] 커카오더 믿을 수 있는

□ **充满活力的** [chōngmǎn huólìde]
총만훠리더 생기발랄한

□ **疯狂的** [fēngkuángde]
펑쾅더 미친

□ **假的** [jiǎde] 쟈더
거짓의

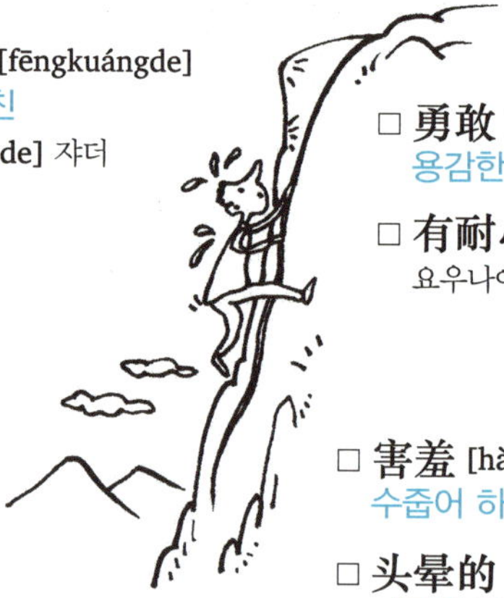

□ **勇敢** [yǒnggǎn] 용간
용감한

□ **有耐心的** [yǒunàixīnde]
요우나이신더 끈기있는

□ **害羞** [hàixiū] 하이슈
수줍어 하는

□ **头晕的** [tóuyūnde] 토우윈더
기절할 것같은

□ **困惑** [kùnhuò]
쿤후오 당황한

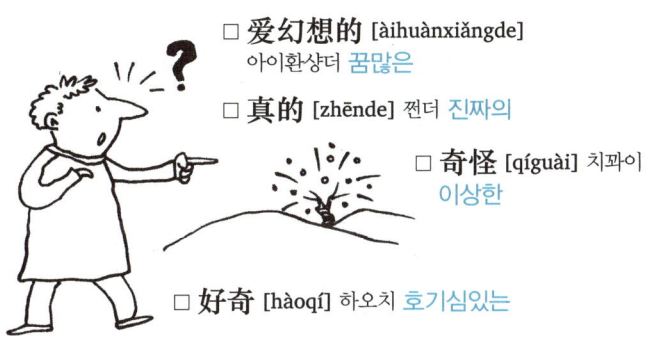

□ **爱幻想的** [àihuànxiǎngde]
아이환샹더 꿈많은

□ **真的** [zhēnde] 쩐더 진짜의

□ **奇怪** [qíguài] 치꽈이
이상한

□ **好奇** [hàoqí] 하오치 호기심있는

□ **浪漫** [làngmàn] 랑만 로맨틱한

□ **忙** [máng] 망 바쁜

□ **著名** [zhùmíng] 주밍 유명한

□ **流行** [liúxíng] 류싱 인기있는

□ **妒忌的** [dùjìde] 두지더 시샘하는

□ **愚蠢的** [yúchǔnde] 위춘더 어리석은

□ **糊涂的** [hútude] 후투더 바보같은

125

〈관련어〉

□ 富有的 [fùyǒude] 푸요우더 부유한

□ 贫穷的 [pínqióngde] 핀츙더 가난한

□ 丰富的 [fēngfùde] 펑푸더 넉넉한

□ 复杂 [fùzá] 푸자 복잡한

□ 简单 [jiǎndān] 지엔딴 단순한

□ 单纯美 [dānchúnměi] 단춘메이 수수한 아름다움

□ 朴素的态度 [púsùdetàidù] 푸쑤더타이두
순박한 태도

□ 遗憾 [yíhàn] 이한 유감스러운

□ 纯粹的 [chúncuìde] 춘추이더 순전한

□ 有限制的 [yǒuxiànzhìde] 요유시엔즈더 제한이 있는

□ 绝对的 [juéduìde] 주에뚜이더 절대적인

- 不知道 [bùzhīdào] 부즈다오 알지못하는
- 有礼貌的致歉 [yǒulǐmàodedàoqiàn]
  요우리마오더다오치엔 정중한 사죄
- 欢迎 [huānyíng] 환잉 환영하는
- 亲爱的 [qīnàide] 친아이더 사랑하는
- 伤心的 [shāngxīnde] 샹신더 슬픈
- 受伤的 [shòushāngde] 쇼우샹더 다친

- 一脸愠怒的神色 [yìliǎnyùnnùdeshénsè]
  이롄윈누더션써 화난듯한 표정
- 特别的 [tèbiéde] 터비에더 특별한
- 灿烂 [cànlàn] 찬란 빛나는
- 豪华的 [háohuáde] 하오화더 호화로운
- 辉煌的 [huīhuángde] 후이황더 영광스러운
- 明显的 [míngxiǎnde] 밍시엔더 뚜렷한
- 模糊的 [móhude] 모후더 어렴풋한

3 행동(行动)

□ 行动 [xíngdòng] 싱똥 행동

□ 生命 [shēngmìng] 셩밍 생명

□ 观念 [guānniàn] 꽌니엔 관념

□ 原谅 [yuánliàng] 위엔량 용서

□ 劝告 [quàngào] 취엔까오 충고

□ 希望 [xīwàng] 시왕 희망

□ 梦 [mèng] 멍 꿈

□ 神秘 [shénmì] 션미 신비

□ 冒险 [màoxiǎn] 마오시엔 모험

□ 运气 [yùnqì] 윈치 운

□ 义务 [yìwù] 이우 의무

□ 注意 [zhùyì] 주이 주의

□ 测试 [cèshì] 처스 검사

□ 行动 [xíngdòng] 싱똥 행위

□ 证据 [zhèngjù] 정쥐 증거

□ 尝试 [chángshì] 창스 시도

□ 习惯 [xíguàn] 시꽌 습관

□ 使用 [shǐyòng] 스용 사용

□ 沐浴 [mùyù] 무위 목욕

□ 口音 [kǒuyīn] 코우인 말씨

□ 约定 [yuēdìng] 위에딩 약속

□ **基础** [jīchǔ] 지추 기초
□ **联系** [liánxì] 리엔시 연락

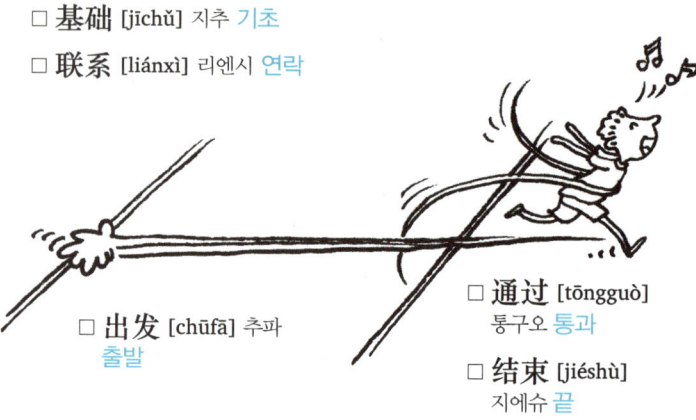

□ **出发** [chūfā] 추파 출발

□ **通过** [tōngguò] 통구오 통과
□ **结束** [jiéshù] 지에슈 끝

□ **控制** [kòngzhì] 콩즈 통제
□ **战争** [zhànzhēng] 쟌정 전쟁

□ **失败** [shībài] 스빠이 실패
□ **服从** [fúcóng] 푸총 복종

□ **治疗** [zhìliáo] 즈랴오 치료

□ **休息** [xiūxī] 시우시 휴식

□ **需要** [xūyào] 쉬야오 필요

□ **战斗** [zhàndòu]
쟌또우 싸움

□ **学习** [xuéxí] 슈에시 공부

□ **记录** [jìlù] 지루 기록

□ **工作** [gōngzuò] 꽁쭈오 일

□ **生意** [shēngyì] 셩이 사업

□ **经历** [jīnglì] 징리 경력

□ **目的** [mùdì] 무디 목적

□ **计划** [jìhuà] 지화 계획

□ **选择** [xuǎnzé] 쉬엔져
  선택

□ **机会** [jīhuì] 지후이 기회

□ **赶紧** [gǎnjǐn]
  간진 서두름

□ **游戏** [yóuxì]
  요우시 놀이

□ **体育** [tǐyù] 티위 스포츠

□ **娱乐** [yúlè] 위러 즐거운 놀이

□ **复印** [fùyìn] 푸인 복사

□ **野营** [yěyíng]
예잉 캠프

□ **故事** [gùshì]
구스 이야기

□ **竞赛** [jìngsài]
징싸이 경쟁

□ **行军** [xíngjūn]
싱쥔 행군

□ **谎言** [huǎngyán]
황옌 거짓말

〈관련어〉

□ **领导** [lǐngdǎo] 링다오 지도자

□ **说谎者** [shuōhuǎngzhě] 슈오황저 거짓말쟁이

□ **梦想家** [mèngxiǎngjiā] 멍샹쟈 몽상가

□ **淘气的小孩儿** [táoqìdexiǎohái(r)] 타오치더샤오하일 개구쟁이

□ **懦夫** [nuòfū] 누오푸 겁쟁이

□ **懒汉** [lǎnhàn] 란한 게으름뱅이

□ **乐观主义** [lèguānzhǔyì] 러꽌주이 낙천주의

□ **悲观主义** [bēiguānzhǔyì] 뻬이꽌주이 비관주의

□ **活动家** [huódòngjiā] 후오똥쟈 활동가

□ **浪漫主义** [làngmànzhǔyì] 랑만주이 낭만주의

□ **古典主义** [gǔdiǎnzhǔyì] 구디엔주이 고전주의

□ **平民主义** [píngmínzhǔyì] 핑민주이 풀뿌리 민주주의

□ **斗士** [dòushì] 또우스 투사

□ **战斗机** [zhàndòujī] 쟌또우지 전투기

□ **战斗机飞行员** [zhàndòujīfēixíngyuán]
쟌또우지페이싱위엔 전투기비행사

□ **爱国者** [àiguózhě] 아이구오져 애국자

□ **社会主义者** [shèhuìzhǔyìzhě] 셔후이주이져 사회주의자

□ **共产主义者** [gòngchǎnzhǔyìzhě] 꽁찬주이져 공산주의자

□ **民主主义者** [mínzhǔzhǔyìzhě] 민주주이져 민주주의자

□ **独裁者** [dúcáizhě] 두차이져 독재자

□ **专政** [zhuānzhèng] 좐정 독재

□ **旅游** [lǚyóu] 뤼요우 여행

□ **运动** [yùndòng] 윈똥 움직임

- □ 搬家 [bānjiā] 빤쟈 이사
- □ 道歉 [dàoqiàn] 다오치엔 사죄
- □ 赞扬 [zànyáng] 짠양 칭찬
- □ 变化 [biànhuà] 비엔화 변화
- □ 修理 [xiūlǐ] 슈리 수리
- □ 治疗 [zhìliáo] 즈랴오 치료

- □ 练习 [liànxí] 리엔시 연습
- □ 许可 [xǔkě] 쉬커 허가
- □ 执照 [zhízhào] 즈쟈오 면허
- □ 告别 [gàobié] 까오비에 고별
- □ 介绍 [Jièshào] 지에샤오 소개하다

□ 配置 [pèizhì] 페이즈 배치하다

□ 收 [shōu] 쇼우 받다

□ 送 [song] 쏭 보내다

□ 还给 [huángěi] 환게이 돌려주다

□ 插入 [chārù] 차루 끼워넣다

□ 搬 [bān] 빤 옮기다

□ 出现 [chūxiàn] 추시엔 나타나다

□ 乘坐 [chéngzuò] 청쭈오 탑승하다

□ 投票 [tóupiào] 토우퍄오 투표하다

□ 消除 [xiāochú] 샤오추 제거하다

□ 邀请 [yāoqǐng] 야오칭 초청하다

□ 保护 [bǎohù] 바오후 보호하다

□ 借 [jiè] 지에 빌리다

4 성격(性格)

□ 小心 [xiǎoxīn] 샤오신
조심성 있는

□ 粗心 [cūxīn] 추신
부주의한

□ 饶舌 [báoshé] 바오셔 수다스러운

□ 调皮 [tiáopí] 탸오피
버릇없는

□ 有耐心的 [yǒunàixīnde]
요우나이신더 인내심이 강한

□ 冷静 [lěngjìng] 렁징 냉정한

□ 胆小 [dǎnxiǎo]
딴샤오 소심한

□ 勤劳 [qínláo] 친라오 근면한

□ 心胸宽的 [xīnxiōngkuānde] 신숑콴더 관대한

□ 妒忌 [dùjì] 두지
질투심이 많은

□ 有责任的 [yǒuzérènde]
요우저런더 책임있는

□ 心情不稳的 [xīnqíngbùwěnde]
신칭뿌원더 변덕스러운

□ 固执 [gùzhí]
구지 고집센

□ 好奇 [hàoqí] 하오치 호기심 있는

□ 严肃 [yánsù] 옌쑤 진지한

□ 真诚 [zhēnchéng] 전청 성실한

□ 善交际的 [shànjiāojìde]
샨쟈오지더 사교적인

□ 沮丧 [jǔsàng] 쥐쌍
의기소침한

□ 邪恶的 [xiéède] 씨에어더 심술궂은

□ 温和 [wēnhé] 원허 온화한

□ 明智的 [míngzhìde] 밍즈더 슬기로운

□ 诚实 [chéngshí] 청스 정직한

□ 谦虚 [qiānxū] 치엔쉬 겸손한

□ 礼貌 [lǐmào] 리마오 예의바른

□ 愉快 [yúkuài]
위콰이 명랑한

□ 勇敢 [yǒnggǎn]
용간 용감한

□ 懒 [lǎn] 란 게으른

□ 无聊 [wúliáo]
우랴오 지루한

□ 笨 [bèn] 뻔 어리석은

□ **厚道** [hòudao]
호우다오 관대한

□ **细致** [xìzhì] 시즈 섬세한

□ **可信** [kěxìn] 커신
신뢰할 만한

□ **自私** [zìsī] 즈쓰
이기적인

□ **消极** [xiāojí] 샤오지
소극적인

□ **积极** [jījí] 지지 적극적인
□ **肯定** [kěndìng] 컨띵
긍정적인

〈관련어〉

□ **低贱** [dījiàn] 디지엔 천한

□ **卑职** [bēizhí] 뻬이즈 낮은 지위

□ **谦虚的要求** [qiānxūdeyāoqiú]
　치엔쉬더야오츄 겸허한 요구

□ **天真** [tiānzhēn] 티엔젼 천진난만한

□ **朴实** [pǔshí] 푸스 꾸밈이 없는

□ **坦率** [tǎnshuài] 탄슈아이 솔직한

□ **优雅** [yōuyǎ] 요우야 기품있는

□ **单纯** [dānchún] 단춘 단순한

□ **尖锐** [jiānruì] 지엔루이 날카로운

□ **神经质** [shénjīngzhì] 션징즈 신경질적인

□ **严厉谴责** [yánlìqiǎnzé] 옌리치엔저 호된 질책

□ **迟钝** [chídùn] 츠둔 둔감한

□ **崇高** [chónggāo] 총까오 고상한

□ **简明** [jiǎnmíng] 지엔밍 간결한

□ **平凡** [píngfán] 핑판 평범한

□ **特别** [tèbié] 터비에 특별한

□ **特殊情况** [tèshūqíngkuàng] 터슈칭쾅 특별한 경우

□ **理直气壮** [lǐzhíqìzhuàng] 리즈치좡 당당한

□ **雄风** [xióngfēng] 숑펑 당당한 태도

□ **骄傲** [jiāoào] 쟈오아오 거만한

143

chapter 6

숫자(数字)

1 수(数字)

□ 基数 [jīshù] 지슈 기수

□ 一 [yī] 이 하나

□ 二 [èr] 얼 둘

□ 三 [sān] 싼 셋

□ 四 [sì] 쓰 넷

□ 五 [wǔ] 우 다섯

□ 六 [liù] 리우 여섯

□ 七 [qī] 치 일곱

□ 八 [bā] 빠 여덟

□ 九 [jiǔ] 지우 아홉
□ 十 [shí] 스 열
□ 十一 [shíyī] 스이 열하나

□ 十二 [shíèr] 스얼 열둘
□ 十三 [shísān] 스싼 열셋
□ 十四 [shísì] 스쓰 열넷

□ 十五 [shíwǔ] 스우 열다섯
□ 十六 [shíliù] 스리우 열여섯
□ 十七 [shíqī] 스치 열일곱
□ 十八 [shíbā] 스빠 열여덟

□ 十九 [shíjiǔ] 스지우 열아홉
□ 二十 [èrshí] 얼스 스물

□ 三十 [sānshí] 싼스 서른
□ 四十 [sìshí] 쓰스 마흔
□ 五十 [wǔshí] 우스 쉰
□ 六十 [liùshí] 리우스 예순
□ 七十 [qīshí] 치스 일흔
□ 八十 [bāshí] 빠스 여든

□ **九十** [jiǔshí] 지우스 아흔

□ **百** [bǎi] 바이 백

□ **千** [qiān] 치엔 천

□ **百万** [bǎiwàn] 바이완 백만

□ **十亿** [shíyì] 스이 십억

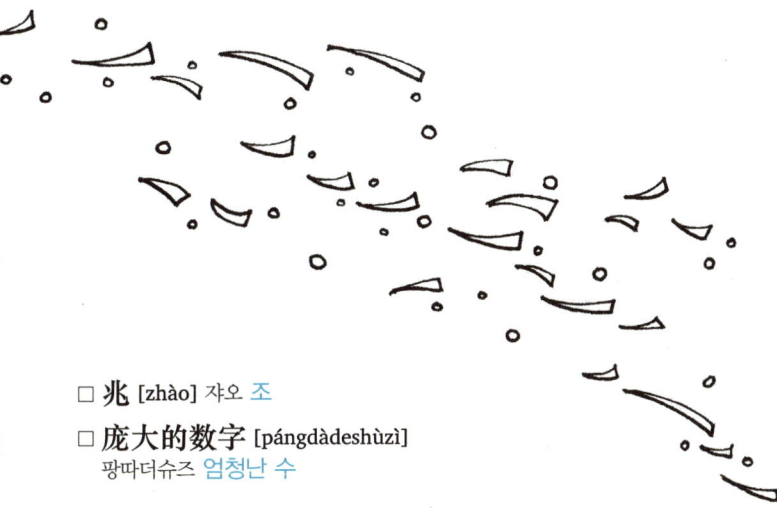

□ **兆** [zhào] 쟈오 조

□ **庞大的数字** [pángdàdeshùzì]
팡따더슈즈 엄청난 수

□ *序数 [xùshù] 쉬슈 서수

□ 第一 [dìyī] 디이 첫번째
□ 第二 [dìèr] 디얼 두번째
□ 第三 [dìsān] 디싼 세번째
□ 第四 [dìsì] 디쓰 네번째
□ 第五 [dìwǔ] 디우 다섯번째
□ 第六 [dìliù] 디리우 여섯번째

□ 第七 [dìqī] 디치 일곱번째
□ 第八 [dìbā] 디빠 여덟번째
□ 第九 [dìjiǔ] 디지우 아홉번째
□ 第十 [dìshí] 디스 열번째

□ 第十一 [dìshíyī] 디스이 열한번째

□ 第十二 [dìshíèr] 디스얼 열두번째

□ 第十三 [dìshísān] 디스싼 열세번째

□ 第十四 [dìshísì] 디스쓰 열네번째

□ 第十五 [dìshíwǔ] 디스우 열다섯번째

□ 第十六 [dìshíliù] 디스리우 열여섯번째

□ 第十七 [dìshíqī] 디스치 열일곱번째

□ 第十八 [dìshíbā] 디스빠 열여덟번째

□ 第十九 [dìshíjiǔ] 디스지우 열아홉번째

□ 第二十 [dìèrshí] 디얼스 스무번째

□ 第三十 [dìsānshí] 디싼스 서른번째
□ 第四十 [dìsìshí] 디쓰스 마흔번째
□ 第一百 [dìyībǎi] 디이바이 백번째
□ 第一千 [dìyīqiān] 디이치엔 천번째
□ 第一百万 [dìyībǎiwàn] 디이바이완 백만번째
□ 第十亿 [dìshíyì] 디스이 십억번째

□ 一次 [yīcì] 이츠 한 번
□ 两次 [liǎngcì] 량츠 두 번
□ 三次 [sāncì] 싼츠 세 번
□ 加法 [jiāfǎ] 쟈파 덧셈
□ 减法 [jiǎnfǎ] 지엔파 뺄셈
□ 乘法 [chéngfǎ] 청파 곱셈

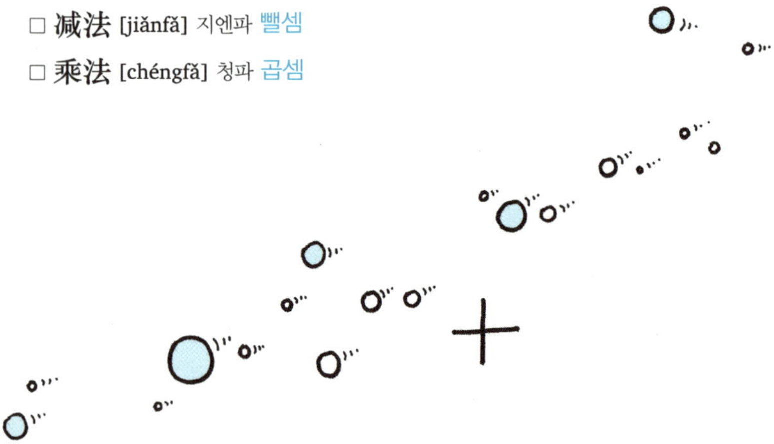

□ 除法 [chúfǎ] 추파 나눗셈

□ 面 [miàn] 미엔 면

□ 直线 [zhíxiàn] 즈시엔 일직선

□ 角 [jiǎo] 쟈오 각

□ 形状 [xíngzhuàng] 싱쫭 모양

□ 圆形 [yuánxíng] 위엔싱 원

□ 正方形 [zhèngfāngxíng] 정팡싱 정사각형

□ 长方形 [chángfāngxíng] 창방싱 직사각형

□ 三角形 [sānjiǎoxíng] 싼쟈오싱 삼각형

〈관련어〉

□ **时间** [shíjiān] 스지엔 시간
□ **时刻** [shíkè] 스커 시각
□ **点钟** [diǎnzhōng] 디엔종 시
□ **分钟** [fēnzhōng] 펀종 분
□ **秒** [miǎo] 먀오 초

□ **周** [zhōu] 조우 주
□ **平日** [píngrì] 핑르 평일
□ **周末** [zhōumò] 조우모 주말
□ **上周** [shàngzhōu] 샹조우 지난 주

□ **这周** [zhèzhōu] 쩌조우 이번 주

□ **下周** [xiàzhōu] 샤조우 다음 주

□ **零** [líng] 링 영

□ **千万** [qiānwàn] 치엔완 천만

□ **一亿** [yīyì] 이이 일억

□ **单数** [dānshù] 딴슈 홀수

□ **双数** [shuāngshù] 슈앙슈 짝수

□ **开初** [kāichū] 카이추 처음

□ **末尾** [mòwěi] 모웨이 끝

□ **一刻** [yíkè] 이커 15분

□ **一半** [yíbàn] 이빤 절반

□ **计算** [jìsuàn] 지쑤안 계산

□ **两倍** [liǎngbèi] 량뻬이 두배

□ **减** [jiǎn] 지엔 빼다

□ **加** [jiā] 쟈 더하다

□ **分** [fēn] 펀 나누다

□ **乘** [chéng] 청 곱하다

□ **椭圆形** [tuǒyuánxíng] 투오위엔싱 타원형

□ 菱形 [língxíng] 링싱 마름모

□ 平行四边形 [píngxíngsìbiānxíng] 핑싱쓰비엔싱 평행사변형

□ 五边形 [wǔbiānxíng] 우비엔싱 오각형

□ 六边形 [liùbiānxíng] 리우비엔싱 육각형

□ 立方体 [lìfāngtǐ] 리팡티 정육면체

□ 圆柱 [yuánzhù] 위엔주 원기둥

□ 圆锥 [yuánzhuī] 위엔주이 원뿔

□ 角锥 [jiǎozhuī] 쟈오주이 각뿔

□ 球体 [qiútǐ] 치우티 구

② 달(月)

□ 一月 [yīyuè] 이위에 1월

□ 二月 [èryuè]
얼위에 2월

□ 三月 [sānyuè] 싼위에 3월

□ 四月 [sìyuè] 쓰위에 4월

□ 五月 [wǔyuè] 우위에 5월

□ 六月 [liùyuè] 리우위에 6월

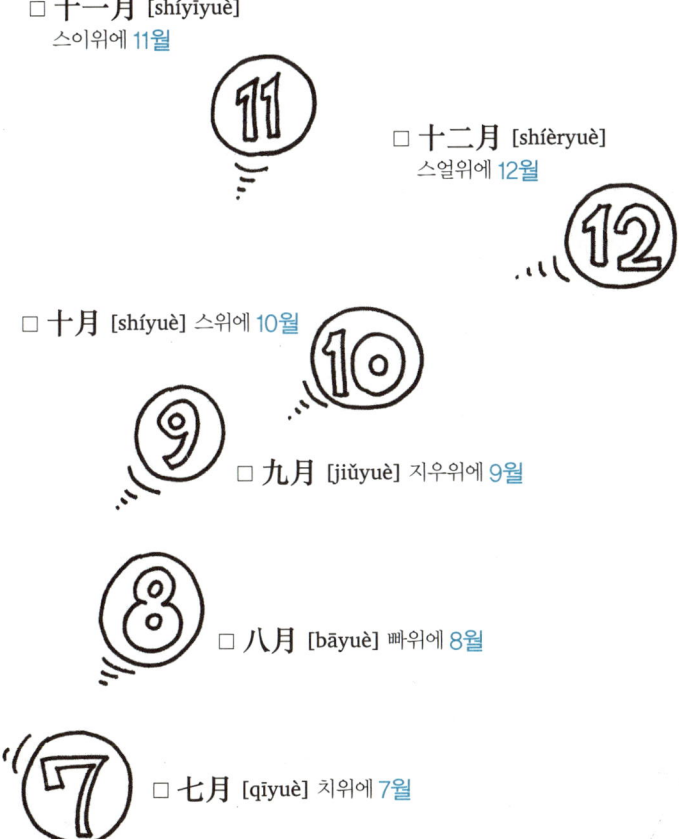

□ 十一月 [shíyīyuè]
스이위에 11월

□ 十二月 [shíèryuè]
스얼위에 12월

□ 十月 [shíyuè] 스위에 10월

□ 九月 [jiǔyuè] 지우위에 9월

□ 八月 [bāyuè] 빠위에 8월

□ 七月 [qīyuè] 치위에 7월

〈관련어〉

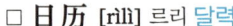

□ 日历 [rìlì] 르리 달력

□ 星期日 [xīngqírì] 싱치르 일요일

□ 星期一 [xīngqíyī] 싱치이 월요일

□ 星期二 [xīngqíèr] 싱치얼 화요일

□ 星期三 [xīngqísān] 싱치싼 수요일

□ 星期四 [xīngqísì] 싱치쓰 목요일

□ 星期五 [xīngqíwǔ] 싱치우 금요일

□ 星期六 [xīngqíliù] 싱치리우 토요일

□ 这一周 [zhèyīzhōu] 쩌이조우 이번주

□ 上周 [shàngzhōu] 샹조우 지난주

□ 下周 [xiàzhōu] 샤조우 다음주

□ **过去** [guòqù] 구오취 과거

□ **现在** [xiànzài] 시엔짜이 현재

□ **未来** [wèilái] 웨이라이 미래

□ **有一天** [yǒuyìtiān] 요우이티엔 언젠가

□ **某一天** [mǒuyìtiān] 모우이티엔 어느날

□ **每年** [měinián] 메이니엔 매년

□ **半年** [bànnián] 빤니엔 반년

□ **月初** [yuèchū] 위에추 월초

□ **月末** [yuèmò] 위에모 월말

□ **有时** [yǒushí] 요우스 때때로

□ **一年到头** [yīniándàotóu] 이니엔다오토우 일년내내

159

③ 공휴일과 특별한 날

□ **生日** [shēngrì] 셩르 생일

□ **春节** [chūnjié] 춘지에 설날

□ **中秋节** [zhōngqiūjié] 종치우지에 추석

□ **圣诞节** [shèngdànjié] 셩딴지에 성탄절

□ **情人节** [qíngrénjié] 칭런지에 발렌타인데이

□ **六十大寿** [liùshídàshòu] 리우스따쇼우 환갑

□ **儿童节** [értóngjié] 얼통지에 어린이날

□ **植树节** [zhíshùjié] 즈슈지에 식목일

□ **父母节** [fùmǔjié] 푸무지에 어버이날

□ **节日** [jiérì] 지에르 명절

□ **元旦** [yuándàn] 위엔딴 신정

□ **三 · 一运动纪念日** [sānyīyùndòngjìniànrì]
싼이윈똥지니엔르 삼일절

□ **光复节** [guāngfùjié] 꽝푸지에 광복절

□ **教师节** [jiàoshījié] 쟈오스지에 스승의 날

□ **显忠日** [xiǎnzhōngrì] 시엔종르 현충일

□ **制宪节** [zhìxiànjié] 즈시엔지에 제헌절

□ **开天节** [kāitiānjié] 카이티엔지에 개천절

☐ 韩文纪念日 [hánwénjìniànrì] 한원지니엔르 한글날

☐ 万圣节 [wànshèngjié] 완셩지에 할로윈데이

☐ 百日筵 [bǎirìyán] 바이르옌 백일

☐ 周岁 [zhōusuì] 조우수이 돌

☐ 结婚纪念日 [jiéhūnjìniànrì] 지에훈지니엔르 결혼기념일

☐ 乔迁宴 [qiáoqiānyàn] 챠오치엔옌 집들이파티

☐ 惊喜聚会 [jīngxǐjùhuì] 징시쥐후이 깜짝파티

□ **告别宴** [gàobiéyàn] 까오비에옌 송별회

□ **欢迎会** [huānyínghuì] 환잉후이 환영회

□ **忘年会** [wàngniánhuì] 왕니엔후이 송년회

□ **复活节** [fùhuójié] 푸후오지에 부활절

□ **夏至** [xiàzhì] 샤즈 하지

□ **冬至** [dōngzhì] 똥즈 동지

□ **农历** [nónglì] 농리 음력

□ **阳历** [yánglì] 양리 양력

□ **闰年** [rùnnián] 룬니엔 윤년

〈관련어〉

□ **家族** [jiāzú] 쟈주 가족

□ **双亲** [shuāngqīn] 슈앙친 양친

□ **祖先** [zǔxiān] 주시엔 조상

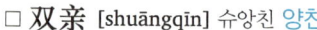

□ **子孙** [zǐsūn] 즈쑨 자손

□ **祖父母** [zǔfùmǔ] 주푸무 조부모

□ **兄弟姐妹** [xiōngdìjiěmèi] 숑디지에메이
　　형제자매

□ **亲戚** [qīnqi] 친치 친척

□ **堂兄弟** [tángxiōngdì] 탕숑디 사촌

□ **侄子** [zhízi] 즈쯔 조카

□ **侄女** [zhínǚ] 즈뉘 조카딸

□ **双胞胎** [shuāngbāotāi] 슈앙바오타이 쌍둥이

□ **独生子女** [dúshēngzǐnǚ] 두셩즈뉘 외동아이

□ **长子** [zhǎngzǐ] 장쯔 장자

□ **公婆** [gōngpó] 꽁포 시부모

□ **岳父母** [yuèfùmǔ] 위에푸무 장인장모

□ **圣帕特里克节** [shèngpàtèlǐkèjié]
셩파터리커지에 성패트릭 축일(아일랜드)

□ **澳纽军团日** [àoniǔjūntuánrì] 아오뉴쥔투안르
앤젝스 데이(오스트레일리아)

□ **劳动节** [láodòngjié] 라오동지에 노동절

□ **母亲节** [mǔqīnjié] 무친지에 어머니날

□ **感恩节** [gǎnēnjié] 깐언지에 추수감사절

□ **哥伦布日** [gēlúnbùrì] 거런부르 콜럼버스기념일

□ **退伍军人节** [tuìwǔjūnrénjié]
투이우쥔런지에 재향군인의 날

166

PART 2.

업무
(工作)

chapter 1 교통(交通)

① 탈것(交通工具)

□ 汽车 [qìchē] 치처 자동차

□ 巴士 [bāshì] 빠스 버스

□ 火车 [huǒchē] 후오처 기차

□ 地铁 [dìtiě] 디티에 지하철

□ 快车 [kuàichē] 콰이처 급행열차

□ 直达列车 [zhídálièchē] 즈다리에처 직행열차

□ 货物列车 [huòwùlièchē] 후오우리에처 화물열차

□ 高速列车 [gāosùlièchē] 까오수리에처 고속열차

□ 飞机 [fēijī] 페이지 비행기

□ 双层公共汽车
[shuāngcénggōnggòngqìchē]
슈앙청꽁꽁치처 이층버스

□ 观光巴士 [guānguāngbāshì]
꽌꽝빠스 관광버스

□ 摩托车 [mótuōchē]
모투오처 스쿠터

□ 卡车 [kǎchē] 카처 트럭

□ 渡船 [dùchuán] 두촨 연락선

□ 船 [chuan] 촨 배

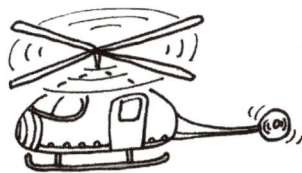

□ 直升机 [zhíshēngjī]
즈셩지 헬리콥터

□ 露营拖车 [lùyíngtuōchē]
루잉투오처 캠프차

□ 游艇 [yóutǐng]
요우팅 요트

□ 吉普车 [jípǔchē]
지푸처 지프

□ 自行车 [zìxíngchē]
즈싱처 자전거
□ 摩托车 [mótuōchē]
모투오처 오토바이

□ 敞篷车 [chǎngpéngchē] 창펑처 오픈카
□ 清洁车 [qīngjiéchē] 칭지에처 청소차

170

〈관련어〉

□ 超级特快列车 [chāojítèkuàilièchē]
차오지터콰이리에처 고속철

□ 普通车 [pǔtōngchē] 푸통처 보통열차

□ 慢车 [mànchē] 만처 완행열차

□ 旅客列车 [lǚkèlièchē] 뤼커리에처 여객열차

□ 下行列车 [xiàxínglièchē] 샤싱리에처 하행열차

□ 上行列车 [shàngxínglièchē] 샹싱리에처 상행열차

□ 出租车 [chūzūchē] 추주처 택시

□ 巡逻车 [xúnluóchē] 쉰루오처 순찰차

□ 车站 [chēzhàn] 처잔 정류장

☐ **移动** [yídòng] 이똥 이동

☐ **运输工具** [yùnshūgōngjù] 윈슈꽁쥐 운송수단

☐ **转乘** [zhuǎnchéng] 주안청 환승하다

☐ **禁止** [jìnzhǐ] 진지 금지

☐ **快速** [kuàisù] 콰이수 속도가 빠른

☐ **慢慢地** [mànmande] 만만더 천천히

☐ **到达** [dàodá] 다오다 도착하다

☐ **划船** [huáchuán] 화촨(노로 배를)젓다

☐ **登陆** [dēnglù] 덩루 상륙하다

② 도로(街道)

□ **铁路** [tiělù] 티에루 철도

□ **铁路道口** [tiělùdàokǒu] 티에루다오코우
철도 건널목

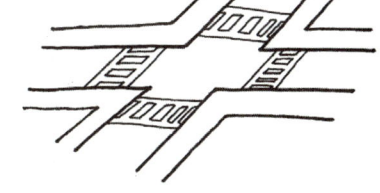

□ **道路交叉口**
[dàolùjiāochākǒu]
다오루쟈오차코우 교차로

□ **十字路口** [shízìlùkǒu]
스즈루코우 사거리

□ **行人过街** [xíngrénguòjiē] 싱런구오지에 횡단보도

□ **人行道** [rénxíngdào] 런싱다오 인도

□ **单向街** [dānxiàngjiē]
단샹지에 일방통행로

□ **胡同** [hútòng] 후통 골목

□ **土路** [tǔlù] 투루 비포장도로

□ **国道** [guódào] 구오다오 국도

□ **大马路** [dàmǎlù] 따마루 대로

□ **捷径** [jiéjìng] 지에징 지름길

□ **地下通道** [dìxiàtōngdào]
디샤통다오 지하도

□ **小巷** [xiǎoxiàng] 샤오샹
뒷골목

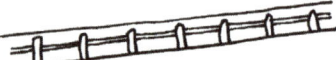

□ **高速公路** [gāosùgōnglù] 까오수공루 고속도로

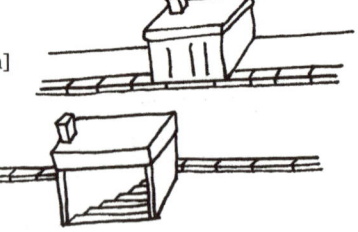

□ **防撞护栏** [fángzhuànghùlán]
팡좡후란 가드레일

□ **路肩** [lùjiān]
루지엔 (고속도로의)갓길

〈관련어〉

- □ **红绿灯** [hónglǜdēng] 홍뤼떵 교통신호등
- □ **交通法规** [jiāotōngfǎguī] 쟈오통파꾸이 교통법규
- □ **交通规则** [jiāotōngguīzé] 쟈오통꾸이저 교통규칙
- □ **交通违章** [jiāotōngwéizhāng] 쟈오통웨이장 교통위반

- □ **交通量** [jiāotōngliàng] 쟈오통량 교통량
- □ **严重的交通** [yánzhòngdejiāotōng] 옌종더쟈오통 극심한 교통량
- □ **收费站** [shōufèizhàn] 쇼우페이잔 통행료 징수소
- □ **遥远** [yáoyuǎn] 야오위엔 거리가 먼

□ 跨 [kuà] 콰 건너서

□ 过去 [guòqù] 꾸오취 건너다

□ 弯路 [wānlù] 완루 우회로

□ 方向 [fāngxiàng] 팡샹 방향

□ 风险 [fēngxiǎn] 펑시엔 위험

□ 牵引车 [qiānyǐnchē] 치엔인처 견인차

□ 漏气轮胎 [lòuqìlúntāi] 로우치룬타이 펑크난 타이어

□ 充气轮胎 [chōngqìlúntāi] 총치룬타이
  공기가 든 타이어

□ 加油站 [jiāyóuzhàn] 쟈오우잔 주유소

③ 부대시설 및 관련용어 (设施和相关术语)

□ 售票处 [shòupiàochù]
쇼우퍄오추 매표구

□ 票价 [piàojià] 퍄오쟈 표값
□ 预付款 [yùfùkuǎn] 위푸콴 선불
□ 预售票 [yùshòupiào] 위쇼우퍄오 예매권

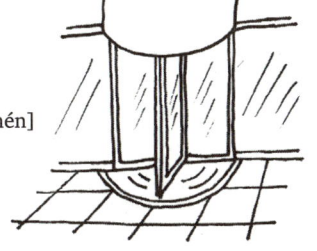

□ 旋转门 [xuánzhuǎnmén]
쉬엔좐먼 회전문

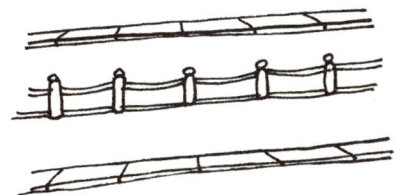

□ 隔离墩 [gélídūn]
거리둔 중앙분리대

177

□ **自动售货机** [zìdòngshòuhuòjī]
즈동쇼우후오지 자동판매기

□ **公共汽车站** [gōnggòngqìchēzhàn]
꽁꽁치처잔 버스정류장

□ **出租车车站** [chūzūchēchēzhàn] 추주처처잔
택시승차장

□ **火车站** [[huǒchēzhàn] 후오처잔 (철도)역

□ **停车场** [tíngchēchǎng]
팅처창 주차장

□ **加油站** [jiāyóuzhàn]
쟈요우잔 주유소

□ **交通信号** [jiāotōngxìnhào] 쟈오통신하오 교통신호

□ **驾驶执照** [jiàshǐzhízhào] 쟈스즈쟈오 운전면허(증)

□ **安全带** [ānquándài] 안췐따이 안전벨트

□ **方向盘** [fāngxiàngpán] 팡샹판 핸들

□ **乘客** [chéngkè] 청커 승객

□ **交通标志** [jiāotōngbiāozhì] 쟈오통뱌오즈 교통표지

□ **罚款** [fákuǎn] 파콴 벌금

□ **超速** [chāosù] 차오수
   속도위반

□ **速度限制** [sùdùxiànzhì] 수두시엔즈 제한속도

□ **行人** [xíngrén] 싱런 보행자

□ **塞车** [sāichē] 싸이처 교통혼잡

□ **禁止出入** [jìnzhǐchūrù]
   진즈추루 출입금지

〈관련어〉

□ **(本地)派出所** [(Běndì)pàichūsuǒ]
(번디)파이추수오 (지방)경찰서

□ **天桥** [tiānqiáo] 티엔챠오 육교

□ **大街** [dàjiē] 따지에 큰거리

□ **巷战** [xiàngzhàn] 샹잔 시가전

□ **街头小贩** [jiētóuxiǎofàn] 지에토우샤오판 행상인

□ **街乐队** [jiēyuèduì] 지에위에뚜이 거리악단

□ **高层建筑** [gāocéngjiànzhú] 까오청지엔주 고층건물

□ **横幅** [héngfú] 헝푸 플래카드

□ **候车室** [hòuchēshì] 호우처스 대합실

□ **检票员** [jiǎnpiàoyuán] 지엔퍄오위엔 검표원

□ **单程票** [dānchéngpiào] 단청퍄오 편도승차권

chapter 1 교통

□ **往返票** [wǎngfǎnpiào]
왕판퍄오 왕복승차권

□ **优惠游览票** [yōuhuìyóulǎnpiào]
요우후이요우란퍄오 할인유람권

□ **定期票** [dìngqīpiào] 딩치퍄오 정기권

□ **通票** [tōngpiào] 통퍄오 직행차표

□ **定价** [dìngjià] 딩쟈 정가

□ **公共财产** [gōnggòngcáichǎn] 꽁꽁차이찬 공공물

□ **治安** [zhì'ān] 즈안 치안

□ **公函** [gōnghán] 꽁한 공문서

chapter 2

회사(公司)

1 사무실(办公室)

□ **接待员** [jiēdàiyuán]
지에따이위엔 접수계원

□ **电梯** [diàntī] 디엔티 엘리베이터

□ **自动门** [zìdòngmén]
쯔동먼 자동문

□ **设备** [shèbèi] 셔뻬이 시설

□ **旋转门** [xuánzhuǎnmén] 쉬엔좐먼 회전문

□ **国定假日** [guódìngjiàrì]
구오딩쟈르 국경일

□ **法定节假日** [fǎdìngjiéjiàrì]
파딩지에쟈르 법정공휴일

□ **带薪假期** [dàixīnjiàqī]
따이신쟈치 유급휴가

☐ 吸烟室 [xīyānshì] 시옌스 흡연실

☐ 禁烟区 [jìnyānqū] 진옌취 금연구역

☐ 设备 [shèbèi] 셔뻬이 장비

☐ 纸包装 [zhǐbāozhuāng]
즈빠오좡 서류정리함

☐ 保险柜 [bǎoxiǎnguì]
바오시엔꾸이 금고

☐ 抽屉 [chōuti] 초우티 서랍

☐ 转椅 [zhuànyǐ] 좐이
회전의자

〈관련어〉

□ **介绍** [jièshào] 지에샤오 소개

□ **问候** [wènhòu] 원호우 인사

□ **批量生产** [pīliàngshēngchǎn]
  피량셩찬 대량생산

□ **工业(科技)技术** [gōngyè(kējì)jìshù] 꽁예(커지)지슈
  공업(과학)기술

□ **劳动** [láodòng] 라오동 노동

□ **支付** [zhīfù] 즈푸 지불

□ **利润** [lìrùn] 리룬 이익

□ **供应者** [gōngyìngzhě] 꽁잉저 공급자

□ **批发商** [pīfāshāng] 피파샹 도매상인

□ 收入 [shōurù] 쇼우루 수입

□ 支出 [zhīchū] 즈추 지출

□ 不景气 [bùjǐngqì] 뿌징치 불경기

□ 繁荣 [fánróng] 판롱 번영

□ 消费 [xiāofèi] 샤오페이 소비

□ 费用 [fèiyòng] 페이용 지출

□ 需求 [xūqiú] 쉬치우 수요

□ 供应 [gōngyìng] 꽁잉 공급

□ 欠款 [qiànkuǎn] 치엔콴 빚

□ 股票 [gǔpiào] 구퍄오 주식

❷ 사무용품(办公用品)

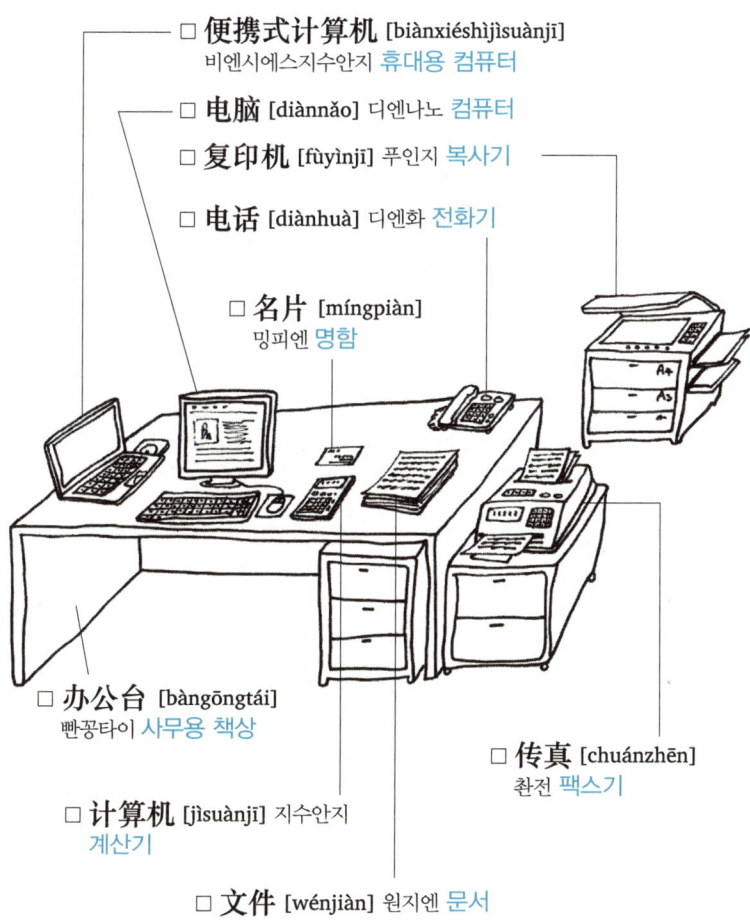

□ 便携式计算机 [biànxiéshìjìsuànjī]
비엔시에스지수안지 휴대용 컴퓨터

□ 电脑 [diànnǎo] 디엔나오 컴퓨터

□ 复印机 [fùyìnjī] 푸인지 복사기

□ 电话 [diànhuà] 디엔화 전화기

□ 名片 [míngpiàn]
밍피엔 명함

□ 办公台 [bàngōngtái]
빤꿍타이 사무용 책상

□ 传真 [chuánzhēn]
촨전 팩스기

□ 计算机 [jìsuànjī] 지수안지
계산기

□ 文件 [wénjiàn] 원지엔 문서

□ **手机** [shǒujī] 쇼우지 핸드폰

□ **移动(无线)电话**
[yídòng(wúxiàn)diànhuà]
이똥(우시엔)디엔화
이동(무선)전화기

□ **订书针** [dìngshūzhēn]
딩슈전 (호지키스의) 철침

□ **订书机** [dìngshūjī]
딩슈지 호지키스

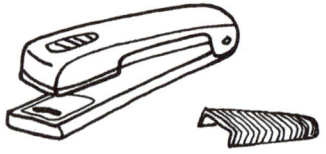

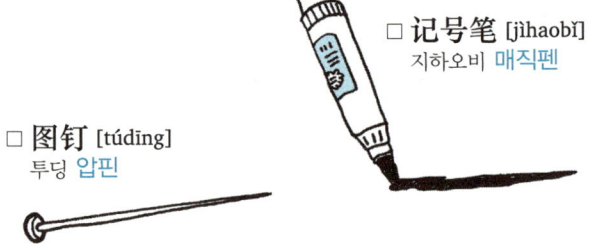

□ **记号笔** [jìhaobǐ]
지하오비 매직펜

□ **图钉** [túdīng]
투딩 압핀

□ 文具 [wénjù] 원쥐 문방구

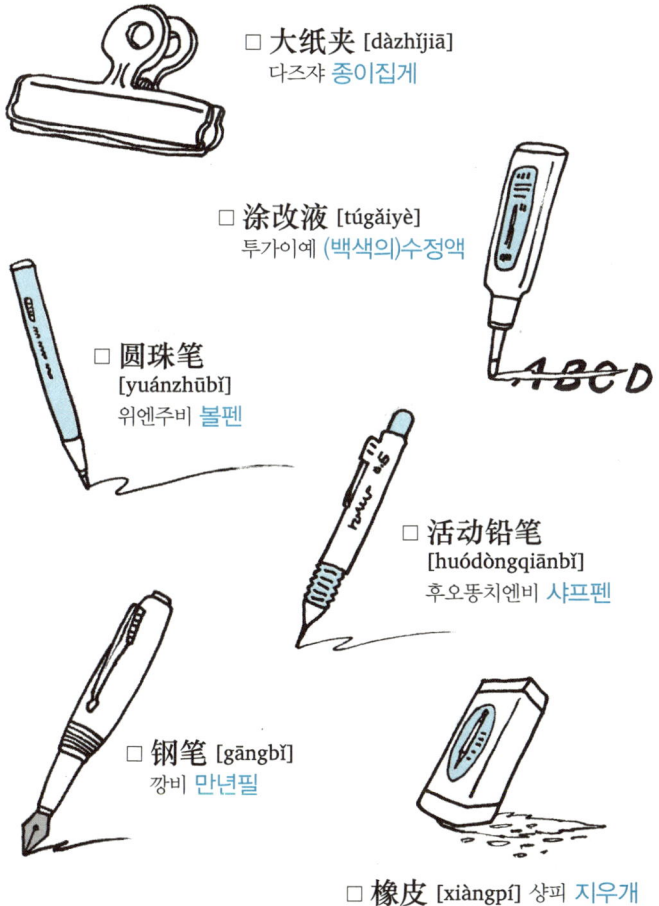

□ 大纸夹 [dàzhǐjiā]
다즈쟈 종이집게

□ 涂改液 [túgǎiyè]
투가이예 (백색의)수정액

□ 圆珠笔
[yuánzhūbǐ]
위엔주비 볼펜

□ 活动铅笔
[huódòngqiānbǐ]
후오똥치엔비 샤프펜

□ 钢笔 [gāngbǐ]
깡비 만년필

□ 橡皮 [xiàngpí] 샹피 지우개

〈관련어〉

□ 库存 [kùcún] 쿠춘 재고품

□ 文件夹 [wénjiànjiā] 원지엔쟈 서류철

□ 小贩 [xiǎofàn] 샤오판 행상인

□ 包装纸 [bāozhuāngzhǐ] 빠오쫭즈 포장지

□ 舱壁 [cāngbì] 창삐 칸막이

□ 商品 [shāngpǐn] 샹핀 상품

□ 日用品 [rìyòngpǐn] 르용핀 일용 잡화

□ 消费品 [xiāofèipǐn] 샤오페이핀 소비재

□ 批发 [pīfā] 피파 도매

□ 零售 [língshòu] 링쇼우 소매
□ 质量 [zhìliàng] 즈량 품질
□ 折扣 [zhékòu] 저코우 할인
□ 价格 [jiàgé] 쟈거 가격

□ 垄断 [lǒngduàn] 롱두안 독점
□ 特价 [tèjià] 터쟈 특가
□ 收据 [shōujù] 쇼우쥐 영수증
□ 客人 [kèrén] 커런 손님
□ 商人 [shāngrén] 샹런 상인

③ 회의(会议)

□ **(临时)会议** [(línshí)huìyì] 린스후이이 (임시)회의
□ **会议室** [huìyìshì] 후이이스 회의실
□ **案件** [ànjiàn] 안지엔 안건

□ **出席者** [chūxízhě] 추시저 출석자
□ **参加者** [cānjiāzhě] 찬쟈저 참가자
□ **悬案问题** [xuán'ànwèntí] 쉬엔안원티 현안문제

□ 图表 [túbiǎo] 바오 그래프

□ 在交涉 [zàijiāoshè] 짜이쟈오셔 교섭중

□ 讨论 [tǎolùn] 타오룬 토론

□ 交涉 [jiāoshè] 쟈오셔 협상

□ 合同 [hétóng] 허통 계약

□ **建议** [jiànyì] 지엔이 제안
□ **结论** [jiélùn] 지에룬 결론

□ **听众** [tīngzhòng] 팅종 청중
□ **会期** [huìqī] 후이치 회기
□ **早餐** [zǎocān] 자오찬 조찬

□ **会谈** [huìtán] 후이탄 회담

□ **大会** [dàhuì] 따후이 (대규모)회의

□ **董事会** [dǒngshìhuì] 동스후이 이사회

〈관련어〉

□ 出口 [chūkǒu] 추코우 수출

□ 出口奖金 [chūkǒujiǎngjīn] 추코우장진 (수출)장려금

□ 贸易 [màoyì] 마오이 무역

□ 单张汇票 [dānzhānghuìpiào] 단장후이퍄오 단일어음

□ 关税 [guānshuì] 꽌슈이 관세

□ 订货 [dìnghuò] 띵후오 주문

□ 索赔 [suǒpéi] 쑤오페이 클레임

□ 费用 [fèiyòng] 페이용 비용

□ 汇率 [huìlǜ] 후이뤼 환율

□ **外换银行** [wàihuànyínháng] 와이환인항 외환은행

□ **行情** [hángqíng] 항칭 시세

□ **股市** [gǔshì] 구스 증권 거래소

□ **建议** [jiànyì] 지엔이 제의

□ **手续费** [shǒuxùfèi] 쇼우쉬페이 수수료

□ **货物** [huòwù] 후오우 화물

□ **收购** [shōugòu] 쇼우꼬우 매상

□ **违禁品** [wéijìnpǐn] 웨이진핀 밀수품

□ **没收** [mòshōu] 모쇼우 몰수

④ 회사(公司)

□ 面试 [miànshì] 미엔스 면접
□ 简历 [jiǎnlì] 지엔리 이력서
□ 雇佣 [gùyōng] 구용 고용

□ **劳动** [láodòng] 라오동 일

□ **薪酬** [xīnchóu] 신초우 봉급
□ **奖金** [jiǎngjīn] 쟝진
　　보너스

□ **上班** [shàngbān] 샹빤 출근

□ **缺席** [quēxí] 취에시 결근

□ **升职** [shēngzhí] 셩즈 승진

□ **退休** [tuìxiū] 투이슈 은퇴

□ **养老金** [yǎnglǎojīn] 양라오진 연금

□ **领取年金者** [lǐngqǔniánjīnzhě]
링취니엔진저 연금수령인

□ **辞职** [cízhí] 츠즈 사직

199

□ 成立 [chénglì] 청리 설립

□ 总公司 [zǒnggōngsī] 종꽁쓰 본사

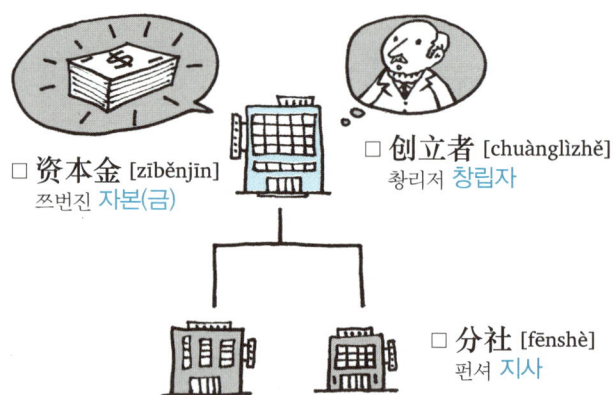

□ 资本金 [zīběnjīn]
쯔번진 자본(금)

□ 创立者 [chuànglìzhě]
촹리저 창립자

□ 分社 [fēnshè]
펀셔 지사

□ 假日 [jiàrì] 쟈르 휴일

□ 病假 [bìngjià] 빙쟈 병가

□ 雇主 [gùzhǔ] 구주 고용주

□ 雇员 [gùyuán]
구위엔 고용인

□ 管理 [guǎnlǐ] 꽌리 관리

□ 投资 [tóuzī] 토우즈 투자

□ 过剩 [guòshèng] 꾸오셩 흑자

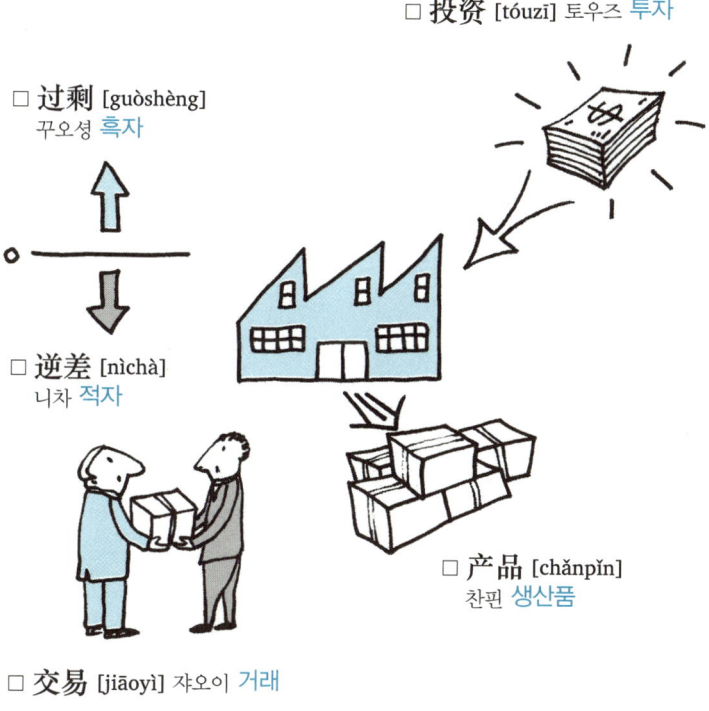

□ 逆差 [nìchà] 니차 적자

□ 产品 [chǎnpǐn] 찬핀 생산품

□ 交易 [jiāoyì] 쟈오이 거래

□ 破产 [pòchǎn] 포찬 파산

□ 合并 [hébìng] 허빙 합병

〈관련어〉

□ 农业 [nóngyè] 농예 농업

□ 渔业 [yúyè] 위예 어업

□ 渔船 [yúchuán] 위촨 고기잡이 배

□ 养殖场 [yǎngzhíchǎng] 양즈창 양식장

□ 渔场 [yúchǎng] 위창 어장

□ 林业 [línyè] 린예 임업

□ 农场 [nóngchǎng] 농창 농장

□ 养鸡场 [yǎngjīchǎng] 양지창 양계장

□ 矿业 [kuàngyè] 쾅예 광업

□ 收获 [shōuhuò] 쇼우후오 수확

□ 肥料 [féiliào] 페이랴오 비료

□ 农作物 [nóngzuòwù] 농쭈오우 농작물

□ 牧场 [mùchǎng] 무창 목장

□ 牲畜 [shēngchù] 셩추 가축

□ 畜牧业 [xùmùyè] 쉬무예 목축업

□ 种子 [zhǒngzi] 종즈 씨앗

□ 果园 [guǒyuán] 구오위엔 과수원

□ 工厂 [gōngchǎng] 꽁창 공장

□ 盐田 [yántián] 옌티엔 염전

□ 养殖场 [yǎngzhíchǎng] 양즈창 양식장

□ 装船 [zhuāngchuán] 쫭촨 선적

5 지위(地位)

□ 执行总裁 [zhíxíngzǒngcái] 즈싱종차이
최고경영책임자(CEO)

□ 董事长 [dǒngshìzhǎng]
동스장 회장

□ 总经理 [zǒngjīnglǐ]
종징리 사장

□ 专务董事[zhuānwùdǒngshì]
좐우동즈 전무이사

□ 执行董事 [zhíxíngdǒngshì]
즈싱동스 상무이사

□ 管理者 [guǎnlǐzhě]
꽌리저 관리자

□ 主管 [zhǔguǎn]
주관 장, 관리자

□ 副经理 [fùjīnglǐ]
푸징리 부사장

□ **部长** [bùzhǎng] 뿌장 부장
□ **科长** [kēzhǎng] 커장 과장
□ **代理** [dàilǐ] 따이리 대리

□ **助理** [zhùlǐ] 주리 조수
□ **秘书** [mìshū] 미슈 비서

□ **同事** [tóngshì] 통스 동료
□ **新人** [xīnrén] 신런
　　신입사원

□ **上级** [shàngjí] 샹지 상사
□ **工作人员** [gōngzuòrényuán] 꽁쭈오런위엔 직원

〈관련어〉

□ **下属** [xiàshǔ] 샤슈 부하

□ **工作狂** [gōngzuòkuáng] 꽁쭈오쾅 일벌레

□ **职员** [zhíyuán] 즈위엔 사원

□ **总管** [zǒngguǎn] 종관 사무장

□ **失业** [shīyè] 스예 실업

□ **减员** [jiǎnyuán] 지엔위엔 감원하다

□ **解雇** [jiěgù] 지에구 해고하다

□ **组织** [zǔzhī] 쭈즈 조직

□ **结构** [jiégòu] 지에꼬우 구조

□ **系统** [xìtǒng] 시통 체계

□ **现场** [xiànchǎng] 시엔창 작업장

□ **工会** [gōnghuì] 꽁후이 노동 조합

□ **工资** [gōngzī] 꽁쯔 급여

□ **名片** [míngpiàn] 밍피엔 명함

□ **就业** [jiùyè] 지우예 취직하다

□ **退休** [tuìxiū] 투이슈 퇴직하다

□ **加薪** [jiāxīn] 쟈신 월급이 오르다

⑥ 부서(部门)

□ **审计处** [shěnjìchǔ]
션지추 감사부

□ **计划处** [jìhuàchǔ]
지화추 기획부

□ **会计处** [kuàijìchǔ]
콰이지추 경리부

□ **总务部** [zǒngwùbù]
쫑우뿌 총무부

□ **人事部** [rénshìbù] 런쓰뿌 인사부

□ **营业部** [yíngyèbù]
잉예뿌 영업부

□ **秘书处** [mìshūchǔ]
미슈추 비서실

〈관련어〉

□ **对话** [duìhuà] 뚜이화 대화

□ **手势** [shǒushì] 쇼우스 몸짓

□ **宽容** [kuānróng] 콴롱 관용

□ **争执** [zhēngzhí] 정쯔 논쟁

□ **态度** [tàidu] 타이두 태도

□ **道歉** [dàoqiàn] 따오치엔 사과

□ **方言** [fāngyán] 팡옌 사투리

□ **关系** [guānxi] 꽌시 관계

□ **招待** [zhāodài] 쟈오따이 초대

□ **意见** [yìjiàn] 이지엔 의견

□ **交易** [jiāoyì] 쟈오이 거래

□ **主题** [zhǔtí] 주티 주제

□ **信息** [xìnxī] 신시 정보

□ **权利** [quánlì] 췐리 권리

□ **义务** [yìwù] 이우 의무

□ **责任** [zérèn] 져런 책임

□ **协力** [xiélì] 시에리 협동

□ **多数意见** [duōshù yìjiàn] 뚜어슈이지엔 다수의견

chapter 3

직업(职业)

□ 法官 [fǎguān] 파관 판사

□ 检察官 [jiǎncháguān] 지엔챠관 검사

□ 律师 [lǜshī] 뤼스 변호사

□ 教授 [jiàoshòu] 쟈오쇼우 교수

□ 老师 [lǎoshī] 라오스 선생님

□ 军人 [jūnrén] 쥔런 군인

□ 歌手 [gēshǒu] 꺼쇼우 가수

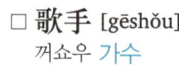

□ 舞蹈家 [wǔdǎojiā]
우다오쟈 무용가

□ 兽医 [shòuyī] 쇼우이 수의사

□ 医生 [yīshēng] 이셩 의사

□ 外科医生
[wàikēyīshēng]
와이커이셩 외과의사

□ 内科医生
[nèikēyīshēng]
네이커이셩 내과의사

□ 牙医 [yáyī]
야이 치과의사

□ 美容师 [měiróngshī]
메이롱스 미용사

□ 理发师 [lǐfàshī]
리파스 이발사

□ 护士 [hùshi]
후스 간호사

□ 药师 [yàoshī] 야오스 약사

□ 厨师 [chúshī] 추스 요리사

□ 面包师 [miànbāoshī]
미엔빠오스 제빵사

□ 出租车司机 [chūzūchēsījī]
추주처스지 택시 운전사

□ 作家 [zuòjiā] 쭈오쟈 작가

□ 小说家 [xiǎoshuōjiā]
샤오슈오쟈 소설가

□ 渔夫 [yúfū] 위푸 어부

□ 农夫 [nóngfū] 농푸 농부

□ 主妇 [zhǔfù] 주푸 주부

□ 新闻记者
[xīnwénjìzhě]
신원지져 신문기자

□ 木匠 [mùjiang] 무쟝 목공수

□ 物理学家 [wùlǐxuéjiā]
우리슈에쟈 물리학자

□ 科学家 [kēxuéjiā]
커슈에쟈 과학자

□ 化学家 [huàxuéjiā]
화슈에쟈 화학자

□ 宇航员 [yǔhángyuán]
위항위엔 우주비행사

□ 总统 [zǒngtǒng]
종통 대통령

□ 清洁工 [qīngjiégōng] 칭지에꽁 청소원

□ 公务员 [gōngwùyuán] 꽁우위엔 공무원

□ 消防员 [xiāofángyuán]
샤오팡위엔 소방관

□ 警官 [jǐngguān] 징꽌 경찰

□ **飞行员**
[fēixíngyuán]
페이싱위엔 조종사

□ **空中小姐**
[kōngzhōngxiǎojiě]
콩종샤오지에 스튜어디스

□ **乘务员** [chéngwùyuán]
청우위엔 승무원

□ **指挥** [zhǐhuī]
즈후이 지휘자

□ **音乐家** [yīnyuèjiā]
인위에쟈 음악가

□ **建筑家** [jiànzhùjiā]
지엔주쟈 건축가

□ **实业家** [shíyèjiā]
스예쟈 실업가

□ **画家** [huàjiā] 화쟈 화가

□ 作曲家 [zuòqǔjiā]
쭈오취쟈 작곡가

□ 男演员 [nányǎnyuán]
난옌위엔 남자배우

□ 女演员 [nǚyǎnyuán]
뉘옌위엔 여자배우

□ 电影导演 [diànyǐngdǎoyǎn]
디엔잉다오옌 영화감독

□ 会计师 [kuàijìshī]
콰이지스 회계사

□ 口译员 [kǒuyìyuán]
코우이위엔 통역사

□ 神职人员 [shénzhírényuán]
션즈런위엔 성직자

218

□ 译者 [yìzhě] 이져 번역가

□ 喜剧演员 [xǐjùyǎnyuán]
시쥐옌위엔 코미디언

□ 广播员 [guǎngbōyuán]
꽝보위엔 아나운서

□ 工程师 [gōngchéngshī]
꽁청스 엔지니어

□ 设计师 [shèjìshī]
셔지스 디자이너

□ 外交官 [wàijiāoguān]
와이쟈오관 외교관

□ 刑警 [xíngjǐng]
싱징 탐정

〈관련어〉

□ **银行家** [yínhángjiā] 인항쟈 은행가

□ **公司职员** [Gōngsīzhíyuán]
꽁스즈위엔 회사원

□ **前任下士** [qiánrènxiàshì]
치엔런샤스 중대 선임하사

□ **前任上士** [qiánrènshàngshì]
치엔런샹스 중대 선임상사

□ **军士** [jūnshì] 쥔스 하사관

□ **少校** [shàoxiào] 샤오샤오 소령

□ **中校** [zhōngxiào] 종샤오 중령

□ **大校** [dàxiào] 따샤오 대령

□ **少尉** [shàowèi] 샤오웨이 소위

□ **中尉** [zhōngwèi] 쫑웨이 중위

□ **值日主任** [zhírìzhǔrèn] 즈르쭈런 당직장교

□ **大尉** [dàwèi] 따웨이 대위

□ **政府高官** [zhèngfǔgāoguān]
　　정푸까오관 정부 고관

□ **公职** [gōngzhí] 공즈 공직

□ 艺人 [yìrén] 이런 예능인

□ 工人 [gōngrén] 꽁런 노동자

□ 运动员 [yùndòngyuán] 윈똥위엔 운동선수

□ 大师傅 [dàshīfu] 따스푸 요리사

□ 作者 [zuòzhě] 쭈오저 작가

□ 新闻工作者 [xīnwéngōngzuòzhě]
신원꽁쭈어저 저널리스트

□ 编辑主笔 [biānjízhǔbǐ] 비엔지주비 에디터

□ 画家 [huàjiā] 화쟈 화가

□ 雕刻家 [diāokèjiā] 댜오커쟈 조각가

□ **保姆** [bǎomǔ] 바오무 보모

□ **手足病医生** [shǒuzúbìngyīshēng]
쇼우주삥이셩 손발 치료 전문의사

□ **自耕农** [zìgēngnóng] 즈껑농 자작농

□ **富裕农场主** [fùyùnóngchǎngzhǔ]
푸위농창주 농장 경영자

□ **乳酪业** [rǔlàoyè] 루라오예 낙농업

□ **中医/韩医** [zhōngyī] [hányī] 쫑이/ 한이 중의사/한의사

chapter 4 학교(学校)

1 조직(组织)

□ 幼儿园 [yòu'éryuán]
요우얼위엔 유아원

□ 小学 [xiǎoxué]
샤오슈에 초등학교

□ 中学 [zhōngxué]
쭝슈에 중학교

□ 高中 [gāozhōng] 까오종 고등학교

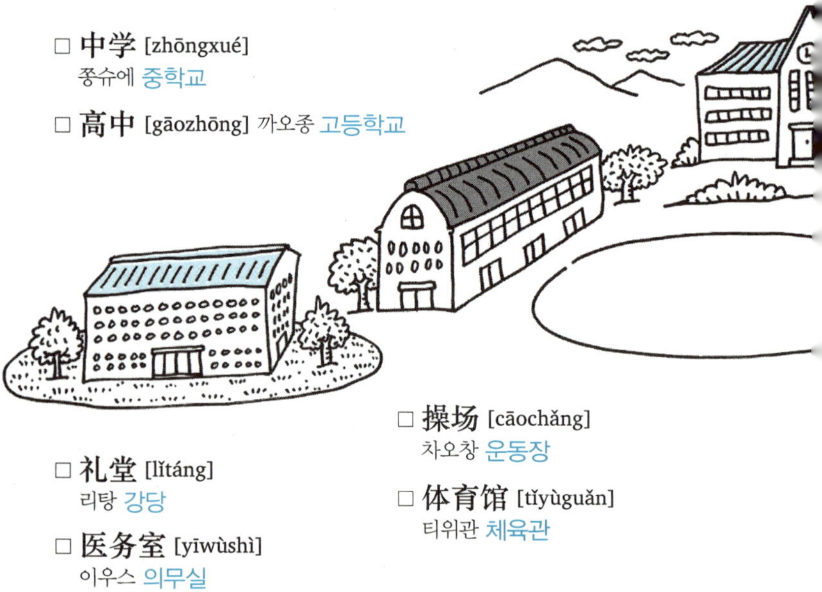

□ 操场 [cāochǎng]
차오창 운동장

□ 礼堂 [lǐtáng]
리탕 강당

□ 体育馆 [tǐyùguǎn]
티위관 체육관

□ 医务室 [yīwùshì]
이우스 의무실

□ 学校餐厅 [xuéxiàocāntīng]
슈에샤오찬팅 학교식당

□ 学院 [xuéyuàn] 슈에위엔 단과대학

□ 大学 [dàxué] 따슈에 종합대학

□ 研究生院 [yánjiūshēngyuàn]
옌쥬셩위엔 대학원

□ 宿舍 [sùshè]
쑤셔 기숙사

□ 图书馆 [túshūguǎn]
투슈관 도서관

□ 休息室 [xiūxishì]
슈시스 휴게실

□ 讲堂 [jiǎngtáng]
쟝탕 강의실

□ 教职员室 [jiàozhíyuánshì] 쟈오즈위엔스 교무실

□ 实验室 [shíyànshì] 스옌스 실험실

〈관련어〉

□ 幼儿园 [yòuéryuán] 요우얼위엔 유아원

□ 中学 [zhōngxué] 쫑슈에 중학교

□ 高中 [gāozhōng] 까오종 고등학교

□ 大学入学考试 [Dàxué rùxuékǎoshì] 따슈에루슈에카오스 대학 입학시험

□ 托儿所 [tuō'érsuǒ] 투오얼수오 탁아소

□ 学院 [xuéyuàn] 슈에위엔 학원

□ 终身教育 [zhōngshēnjiàoyù] 쫑션쟈오위 평생교육

□ 社会福利 [shèhuìfúlì] 셔후이푸리 사회복지

□ 人文科学 [rénwén kēxué] 런원커슈에 인문과학

□ **医学院** [yīxuéyuàn] 이슈에위엔 의학부

□ **法学院** [fǎxuéyuàn] 파슈에위엔 법학부

□ **语言学院** [yǔyánxuéyuàn] 위옌슈에위엔 어학부

□ **语言翻译程序** [yǔyánfānyìchéngxù]
위옌퐌이청쉬 언어 번역기

□ **语言学习室** [yǔyánxuéxíshì]
위옌슈에시스 어학실습실

□ **化学实验室** [huàxuéshíyànshì] 화슈에스옌스 화학실험실

□ **校内活动** [xiàonèihuódòng] 샤오네이훠동 학생활동

□ **校园生活** [xiàoyuán shēnghuó] 시아오위엔셩훠 대학생활

□ **师范学院** [shīfànxuéyuàn] 스퐌슈에위엔 교육대학

② 교실(教室)

□ 教育 [jiàoyù] 쟈오위 교육

□ 班 [bān] 빤 학급

□ 年级 [niánjí] 니엔지 학년

□ 考试 [kǎoshì] 카오스 시험

□ 期末报告 [qīmòbàogào]
치모빠오까오 학기말 레포트

□ 作业 [zuòyè]
쭈오예 숙제

□ 奖学金 [jiǎngxuéjīn]
쟝슈에진 장학금

□ 成绩单 [chéngjìdān] 청지딴 성적표

□ 成绩证明书 [chéngjìzhèngmíngshū]
청지정밍슈 성적증명서

□ 学费 [xuéfèi] 슈에페이 학비

□ 毕业证书 [bìyèzhèngshū] 비예정슈 졸업장

□ 课业 [kèyè] 커예 수업

□ 课程 [kèchéng] 커청 교육과정

□ 学期 [xuéqī] 슈에치 학기

□ 参考书 [cānkǎoshū] 찬카오슈 참고서

□ 教科書 [jiàokēshū] 쟈오커슈 교과서

□ 主修 [zhǔxiū] 쥬시우 전공과목

□ 学位 [xuéwèi] 슈에웨이 학위

□ 学分 [xuéfēn] 슈에펀 학점

□ 毕业纪念相册 [bìyèjìniànxiàngcè] 비예지니엔샹처 졸업앨범

〈관련어〉

□ 教育 [jiàoyù] 쟈오위 교육

□ 教具 [jiàojù] 쟈오쥐 교구

□ 教法 [jiàofǎ] 쟈오파 교수법

□ 双主修 [shuāngzhǔxiū] 쐉주시우 이중전공

□ 重要的问题 [zhòngyàodewèntí] 쫑야오더원티 중요한 문제

□ 个人指导 [gèrénzhǐdǎo] 꺼런즈다오 개인지도

□ 掉队者 [diàoduìzhě] 띠아오뚜이저 탈락자

□ 发现 [fāxiàn] 파시엔 발견

□ 发明物 [fāmíngwù] 파밍우 발명품

□ 调查 [diàochá] 디아오챠 조사

□ 努力 [nǔlì] 누리 노력

□ 天才 [tiāncái] 티엔차이 천재

□ 才华 [cáihuá] 차이화 재능

□ 知识 [zhīshi] 즈스 지식

□ 系统论证 [xìtǒnglùnzhèng] 시통룬정 계통이 선 논의

□ 目标 [mùbiāo] 무뱌오 목표

□ 能力 [nénglì] 넝리 능력

□ 词典 [cídiǎn] 츠디엔 사전

□ 发达 [fādá] 파다 발달

□ 观察 [guānchá] 꽌차 관찰

□ 研究 [yánjiū] 옌쥬 연구

□ 了解 [liǎojiě] 랴오지에 이해

③ 학과목(**学科**)

□ **选修课** [xuǎnxiūkè]
쉬엔시우커 선택과목

□ **基础课** [jīchǔkè]
지추커 일반교양과목

□ **必修课** [bìxiūkè]
비시유커 필수과목

□ **韩国语** [hánguóyǔ]
한구오위 한국어

□ **语言学** [yǔyánxué]
위옌슈에 언어학

□ **数学** [shùxué] 슈슈에 수학

□ **代数学** [dàishùxué]
따이슈슈에 대수학

□ **历史** [lìshǐ] 리스 역사

□ **科学** [kēxué] 커슈에 과학

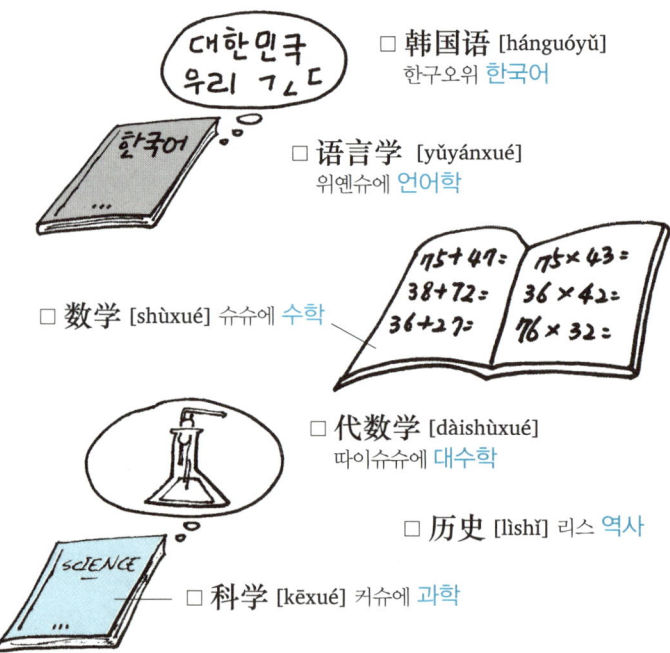

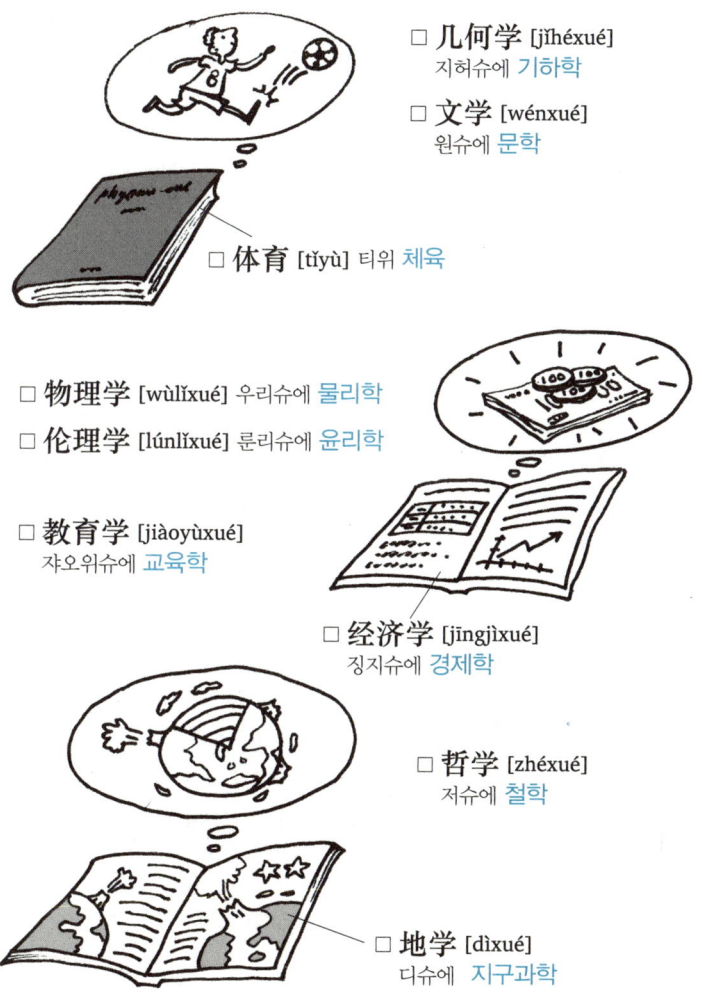

□ 几何学 [jǐhéxué]
지허슈에 기하학

□ 文学 [wénxué]
원슈에 문학

□ 体育 [tǐyù] 티위 체육

□ 物理学 [wùlǐxué] 우리슈에 물리학

□ 伦理学 [lúnlǐxué] 룬리슈에 윤리학

□ 教育学 [jiàoyùxué]
쟈오위슈에 교육학

□ 经济学 [jīngjìxué]
징지슈에 경제학

□ 哲学 [zhéxué]
저슈에 철학

□ 地学 [dìxué]
디슈에 지구과학

□ 化学 [huàxué]
화슈에 화학

□ 植物学 [zhíwùxué]
즈우슈에 식물학

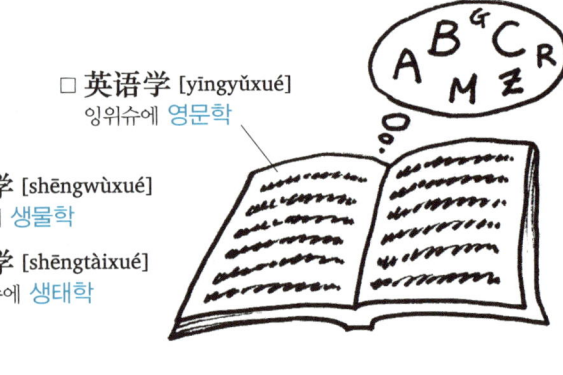

□ 英语学 [yīngyǔxué]
잉위슈에 영문학

□ 生物学 [shēngwùxué]
셩우슈에 생물학

□ 生态学 [shēngtàixué]
셩타이슈에 생태학

□ 生理学 [shēnglǐxué]
셩리슈에 생리학

□ 社会学 [shèhuìxué]
셔후이슈에 사회학

□ 神学 [shénxué]
션슈에 신학

□ 人类学 [rénlèixué]
런레이슈에 인류학

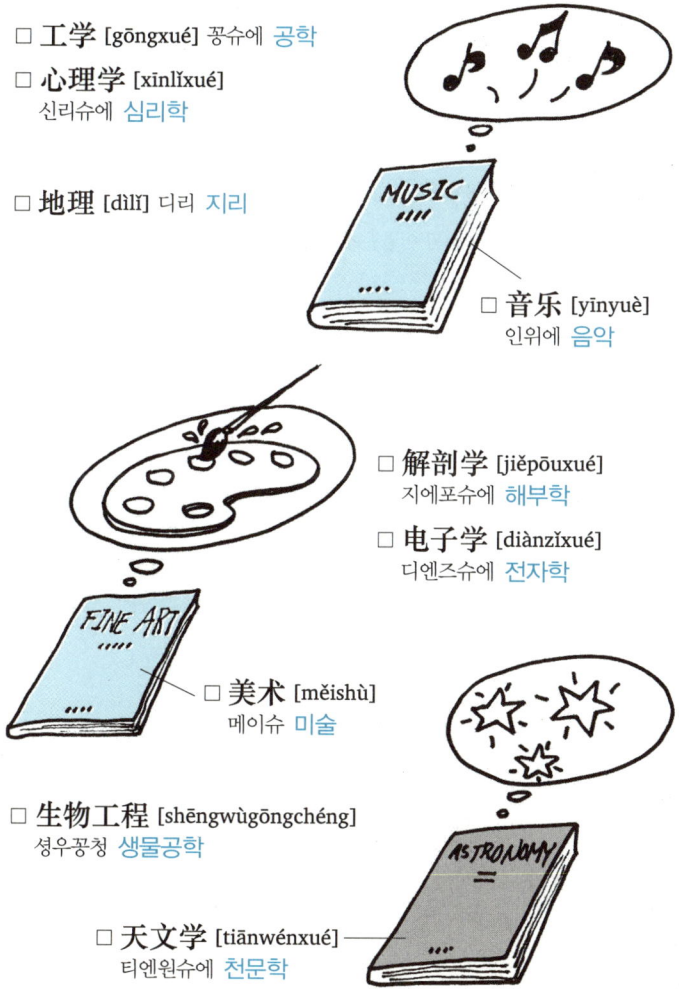

□ 工学 [gōngxué] 꽁슈에 공학

□ 心理学 [xīnlǐxué] 신리슈에 심리학

□ 地理 [dìlǐ] 디리 지리

□ 音乐 [yīnyuè] 인위에 음악

□ 解剖学 [jiěpōuxué] 지에포슈에 해부학

□ 电子学 [diànzǐxué] 디엔즈슈에 전자학

□ 美术 [měishù] 메이슈 미술

□ 生物工程 [shēngwùgōngchéng] 셩우꽁청 생물공학

□ 天文学 [tiānwénxué] 티엔원슈에 천문학

〈관련어〉

□ **汉字** [hànzì] 한쯔 한자
□ **经营学** [jīngyíngxué] 징잉슈에 경영학
□ **遗传学** [yíchuánxué] 이촨슈에 유전학
□ **主治医** [zhǔzhìyī] 주즈이 주치의

□ **医术** [yīshù] 이슈 의술
□ **考古学** [kǎogǔxué] 카오구슈에 고고학
□ **文化** [wénhuà] 원화 문화
□ **文明** [wénmíng] 원밍 문명

□ 煤炭 [méitàn] 메이탄 석탄

□ 固体 [gùtǐ] 구티 고체

□ 气体 [qìtǐ] 치티 기체

□ 蒸汽 [zhēngqì] 정치 증기

□ 液体 [yètǐ] 예티 액체

□ 汽油 [qìyóu] 치요우 휘발유

□ 金属 [jīnshǔ] 진슈 금속

□ 铅 [qiān] 치엔 납

□ 合金 [héjīn] 허진 합금

□ **钢铁** [gāngtiě] 깡티에 강철

□ **铁** [tiě] 티에 철

□ **青铜** [qīngtóng] 칭통 청동

□ **合成** [héchéng] 허청 합성

□ **电** [diàn] 디엔 전기

□ **存在** [cúnzài] 춘짜이 존재

□ **原子** [yuánzǐ] 위엔즈 원자

□ **分子** [fēnzǐ] 펀즈 분자

□ 氢 [qīng] 칭 수소

□ 碳 [tàn] 탄 탄소

□ 氧 [yǎng] 양 산소

□ 纤维 [xiānwéi] 시엔웨이 섬유

□ 棉 [mián] 미엔 면

□ 丝绸 [sīchóu] 스초우 비단

□ 人造丝 [rénzàosī] 런자오스 인조견

□ 大麻 [dàmá] 따마 대마, 삼

4 문구(文具)

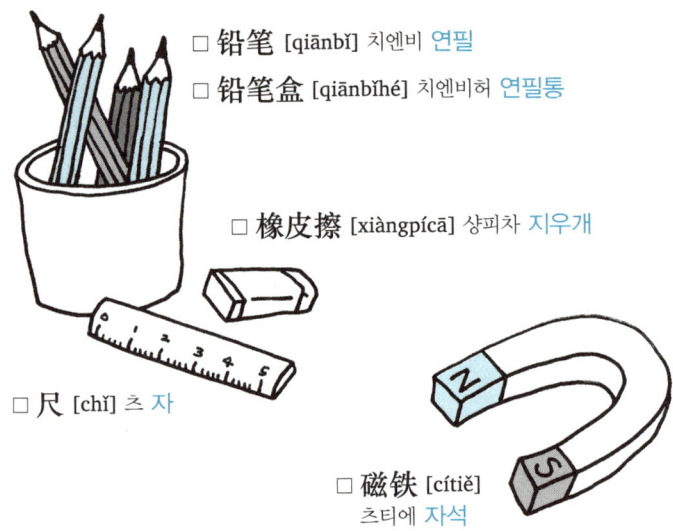

□ 铅笔 [qiānbǐ] 치엔비 연필
□ 铅笔盒 [qiānbǐhé] 치엔비허 연필통

□ 橡皮擦 [xiàngpícā] 샹피차 지우개

□ 尺 [chǐ] 츠 자

□ 磁铁 [cítiě]
츠티에 자석

□ 布告栏 [bùgàolán] 뿌까오란 게시판
□ 球 [qiú] 치우 지구의

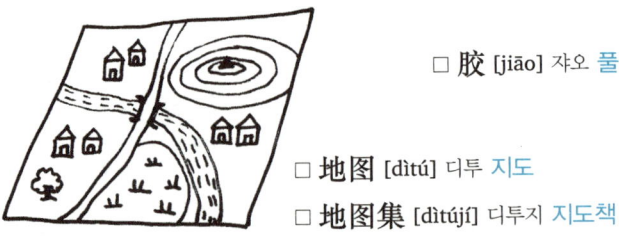

□ 胶 [jiāo] 쟈오 풀

□ 地图 [dìtú] 디투 지도
□ 地图集 [dìtújí] 디투지 지도책

240

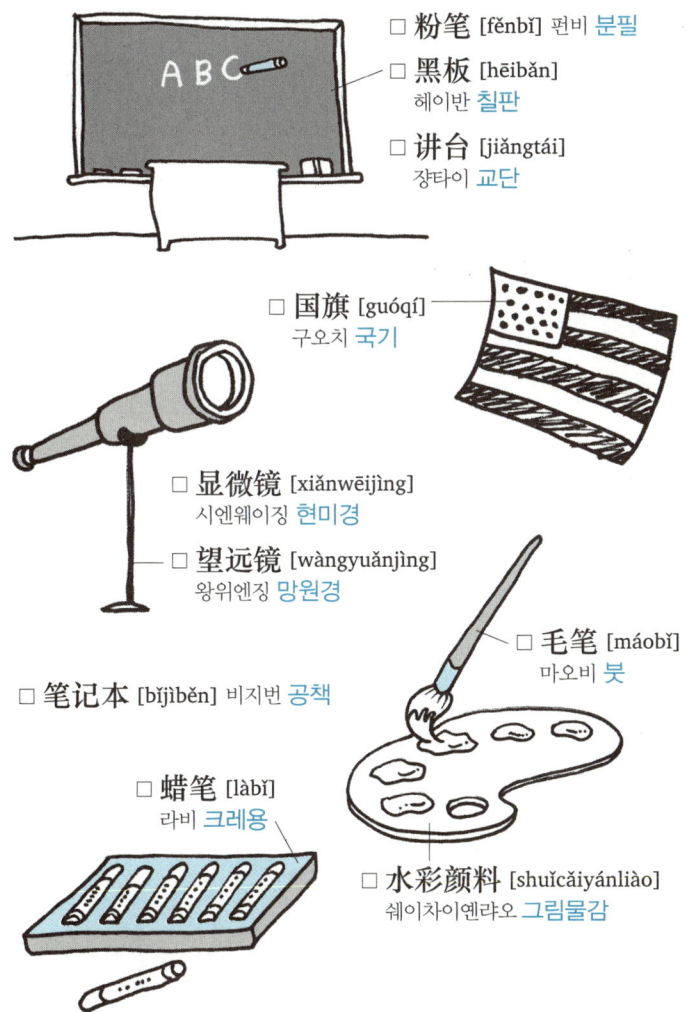

□ 粉笔 [fěnbǐ] 펀비 분필

□ 黑板 [hēibǎn]
헤이반 칠판

□ 讲台 [jiǎngtái]
장타이 교단

□ 国旗 [guóqí]
구오치 국기

□ 显微镜 [xiǎnwēijìng]
시엔웨이징 현미경

□ 望远镜 [wàngyuǎnjìng]
왕위엔징 망원경

□ 毛笔 [máobǐ]
마오비 붓

□ 笔记本 [bǐjìběn] 비지번 공책

□ 蜡笔 [làbǐ]
라비 크레용

□ 水彩颜料 [shuǐcǎiyánliào]
쉐이차이옌랴오 그림물감

〈관련어〉

□ **修正液** [xiūzhèngyè] 시우정예 수정액

□ **万用笔记本** [wànyòng bǐjìběn]
　 완용비지번 분류 서류철

□ **墨水** [mòshuǐ] 모쉐이 잉크

□ **剪刀** [jiǎndāo] 지엔따오 가위

□ **橡皮筋** [xiàngpíjīn] 샹피진 고무줄

□ **橡胶胶水** [xiàngjiāojiāoshuǐ]
　 샹쟈오쟈오쉐이 고무풀

□ **纸夹** [zhǐjiā] 즈쟈 클립

□ **墨** [mò] 모 먹

□ **利贴** [lìtiē] 리티에 포스트잇

□ **圆规** [yuánguī] 위엔꾸이 컴퍼스

□ **图章** [túzhāng] 투장 스탬프

□ **算盘** [suànpán] 수안판 주판

□ **文件夹** [wénjiànjiā] 원지엔쟈 서류철

□ **垫** [diàn] 디엔 패드

□ **骰子** [tóuzi] 토우즈 주사위

□ **学习用品** [xuéxíyòngpǐn] 슈에시용핀 학용품

□ **学生帽子** [xuésheng màozi] 슈에셩마오즈 학생모

□ **钢盔** [gāngkuī] 깡쿠이 철모

□ **尖项帽** [jiānxiàngmào] 지엔샹마오 챙달린 모자

5 행사(活动)

□ **入学典礼** [rùxuédiǎnlǐ] 루슈에디엔리 입학식
□ **毕业典礼** [bìyèdiǎnlǐ] 비예디엔리 졸업식

□ **学位授予典礼** [xuéwèishòuyǔdiǎnlǐ]
　슈에웨이쇼우위디엔리 학위수여식

□ **运动会** [yùndònghuì] 윈동후이 운동회
□ **学校节庆** [Xuéxiàojiéqìng] 슈에샤오지에칭 학교축제

□ **校友会** [xiàoyǒuhuì] 샤오요우후이 동창회

□ **校庆** [xiàoqìng] 샤오칭 개교기념일

□ **实习旅行** [shíxílǚxíng] 스시뤼싱 수학여행
□ **郊游** [jiāoyóu] 쟈오요우 소풍

□ **入学考试** [rùxué kǎoshì] 루슈에카오스 입학시험
□ **期中考试** [qīzhōng kǎoshì] 치종카오스 중간고사
□ **期末考试** [qīmò kǎoshì] 치모카오스 기말고사

□ **教师节** [jiàoshījié] 쟈오스지에 스승의 날

245

〈관련어〉

□ 校友会 [xiàoyǒuhuì] 샤오요우후이 동창회

□ 校庆 [xiàoqìng] 샤오칭 개교기념일

□ 春假 [chūnjià] 춘쟈 봄방학

□ 暑假 [shǔjià] 슈쟈 여름방학

□ **寒假** [hánjià] 한쟈 겨울방학

□ **入学** [rùxué] 루슈에 입학하다

□ **开办学校** [kāibànxuéxiào] 카이빤슈에샤오 (사립)학교를 경영하다

□ **离开学校** [líkāi xuéxiào] 리카이슈에샤오 졸업(퇴학)하다

6 교직원(教工)

□ **教师** [jiàoshī]
쟈오스 교사

□ **教授** [jiàoshòu] 쟈오쇼우 교수

□ **正教授** [zhèngjiàoshòu]
정쟈오쇼우 정교수

□ **副教授** [fùjiàoshòu] 푸쟈오쇼우 부교수

□ **助理教授** [zhùlǐjiàoshòu]
주리쟈오쇼우 조교수

□ **辅导教师** [fǔdǎojiàoshī] 푸다오쟈오스 과외선생님

□ **讲演者** [jiǎngyǎnzhě] 쟝옌저 강연자

□ **大学讲师** [dàxuéjiǎngshī]
따슈에쟝스 대학강사

□ **院长** [yuànzhǎng]
위엔쟝 학장

□ **校长** [xiàozhǎng] 샤오쟝 총장

〈관련어〉

□ 学者 [xuézhě] 슈에저 학자

□ 班主任 [bānzhǔrèn] 빤주런 담임선생님

□ 讲授经验 [jiǎngshòujīngyàn] 쟝쇼우징옌 교수경험

□ 助教 [zhùjiào] 주쟈오 조교

□ 班长 [bānzhǎng] 빤장 반장

□ 教育之职 [jiàoyùzhīzhí] 쟈오위즈즈 교직

□ 出席 [chūxí] 추시 출석

□ 缺席 [quēxí] 취에시 결석

□ 作业 [zuòyè] 쭈오예 숙제

□ 预习 [yùxí] 위시 예습

□ 复习 [fùxí] 푸시 복습

□ **测验** [cèyàn] 처옌 쪽지시험

□ **成就测验** [chéngjiùcèyàn] 청지우처옌 학력고사

□ **考试** [kǎoshì] 카오스 시험

□ **能力测试** [nénglìcèshì] 넝리처스 능력시험

□ **口试** [kǒushì] 코우스 구두시험

□ **笔试** [bǐshì] 비스 필기시험

□ **试题** [shìtí] 스티 시험문제지

□ **分析** [fēnxī] 펀시 분석

□ **讲义** [jiǎngyì] 쟝이 강의

□ **论文** [lùnwén] 룬원 논문

□ **俱乐部活动** [jùlèbù huódòng] 쥐러뿌훠똥 클럽활동

□ **校内活动** [xiàonèihuódòng] 샤오네이훠똥 교내활동

□ **社会习俗** [shèhuìxísú] 셔후이시수 사회관습

7 학생(学生)

□ 学生 [xuésheng]
슈에셩 학생

□ 小学生 [xiǎoxuéshēng]
샤오슈에셩 초등학생

□ 新生 [xīnshēng]
신셩 1학년생

□ 二年级学生
[èrniánjíxuésheng]
얼니엔지슈에셩
2학년생

□ 三年级学生
[sānniánjíxuéshēng]
싼니엔지슈에셩 3학년생

□ 四年级学生
[sìniánjíxuéshēng]
쓰니인지슈에셩 4학년생

□ 大学毕业生 [dàxuébìyèshēng]
따슈에비예셩 대학 졸업자

□ 研究生 [yánjiūshēng] 옌쥬셩 대학원생

□ 学士 [xuéshì] 슈에스 학사
□ 硕士 [shuòshì] 슈오스 석사
□ 博士 [bóshì] 보스 박사

□ 同学 [tóngxué]
통슈에 동급생

□ 男校友
[nánxiàoyǒu]
난샤오요우
남자 동창생

□ 女校友
[nǚxiàoyǒu]
뉘샤오요우
여자 동창생

〈관련어〉

□ 孩子头 [háizitóu] 하이즈토우 골목대장

□ 欢迎 [huānyíng] 환잉 환영

□ 密友 [mìyǒu] 미요우 단짝친구

□ 同事 [tóngshì] 통스 동료

□ 竞争者 [jìngzhēngzhě] 찡정저 경쟁자

□ 同伴之谊 [tóngbànzhīyì] 통빤즈이 동료의식

□ 友情 [yǒuqíng] 요우칭 우정

□ 忠告 [zhōnggào] 쫑까오 충고

□ 礼节 [lǐjié] 리지에 예절

□ **态度** [tàidu] 타이두 태도

□ **精神活动** [jīngshénhuódòng] 찡션훠똥 정신활동

□ **智力** [zhìlì] 즈리 지능

□ **推理的能力** [tuīlǐdenénglì] 투이리더넝리 추리력

□ **心算** [xīnsuàn] 신쑤안 암산

□ **十进制** [shíjìnzhì] 스진즈 십진법

□ **分数** [fēnshù] 펀슈 분수

□ **参与** [cānyù] 찬위 참여

□ **传闻** [chuánwén] 촨원 소문

□ **争吵** [zhēngchǎo] 정차오 싸움

□ **和解** [héjiě] 허지에 화해

PART 3.

일상생활
(日常生活)

chapter 1 병원(医院)

□ 诊所 [zhěnsuǒ] 전수오 개인병원

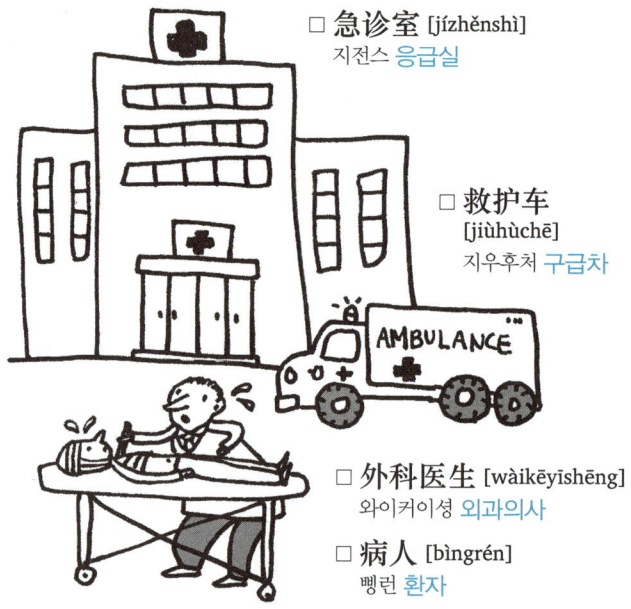

□ 急诊室 [jízhěnshì] 지전스 응급실

□ 救护车 [jiùhùchē] 지우후처 구급차

□ 外科医生 [wàikēyīshēng] 와이커이셩 외과의사

□ 病人 [bìngrén] 삥런 환자

□ 外科 [wàikē] 와이커 외과

□ 手术 [shǒushù] 쇼우슈 수술

□ 注射 [zhùshè]
주셔 주사하다

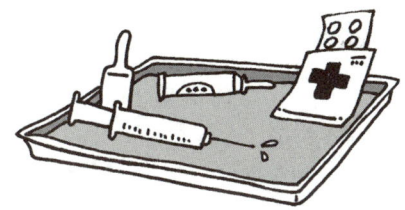

□ 内服药 [nèifúyào]
네이푸야오 내복약

□ 软膏 [ruǎngāo] 루완까오 연고

□ 治疗 [zhìliáo] 즈랴오 치료

□ 物理疗法 [wùlǐliáofǎ]
우리랴오파 물리요법

□ 石膏绷带 [shígāobēngdài]
스까오뺑다이 석고붕대

□ 内科 [nèikē]
네이커 내과

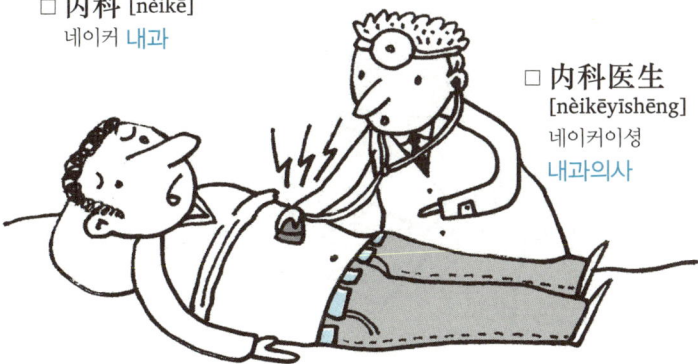

□ 内科医生
[nèikēyīshēng]
네이커이셩
내과의사

□ 小儿科 [xiǎo'érkē] 샤오얼커 소아과

□ 体温表 [tǐwēnbiǎo] 티원뱌오 체온계

□ 小儿科医生 [xiǎoérkē yīshēng] 샤오얼커이셩 소아과의사

□ 皮肤科 [pífūkē] 피푸커 피부과

□ 处方 [chǔfāng] 추팡 처방전

□ **整形外科** [zhěngxíngwàikē]
　정싱와이커 성형외과

□ **眼科医生** [yǎnkēyīshēng] 옌커이셩 안과의사

□ **牙医** [yáyī]
　야이 치과의사

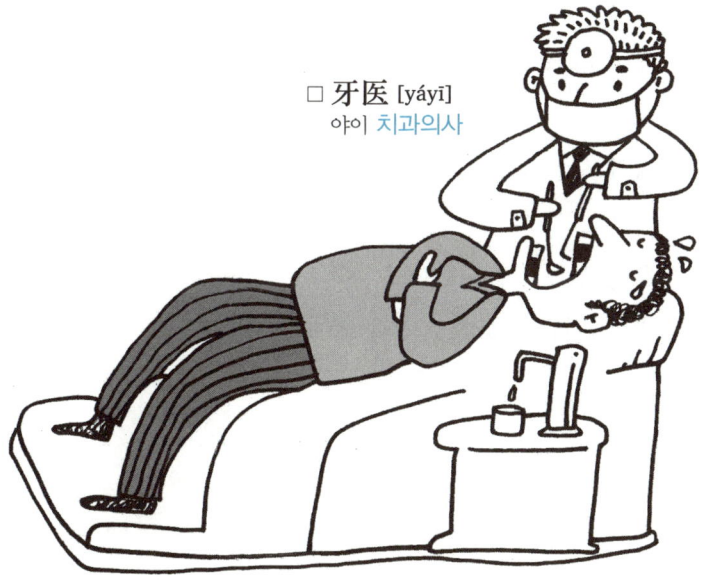

□ **产科学** [chǎnkēxué] 찬커슈에 산과학

□ **妇科** [fùkē] 푸커 부인과

261

〈관련어〉

□ **教学医院** [jiàoxuéyīyuàn]
　　쟈오슈에이위엔 대학병원

□ **隔离医院** [gélíyīyuàn] 거리이위엔 격리병원

□ **病房** [bìngfáng] 삥팡 병실

□ **药** [yào] 야오 약

□ **麻醉药** [mázuìyào] 마쭈이야오 마취제

□ **维他命** [wéitāmìng] 웨이타밍 비타민

□ **健康检查** [jiànkāngjiǎnchá] 지엔캉지엔차 건강진단

□ **治疗** [zhìliáo] 즈랴오 치료

□ **人工授精** [réngōngshòujīng] 런꽁쇼우징 인공수정

□ **验血** [yànxiě] 옌시에 혈액검사

□ 物理疗法 [wùlǐliáofǎ] 우리랴오파 물리치료

□ 血型 [xuèxíng] 슈에싱 혈액형

□ 杀菌 [shājūn] 샤쥔 살균

□ 神经学 [shénjīngxué] 션징슈에 신경학

□ 分娩室 [fēnmiǎnshì] 펀미엔스 분만실

□ 骨科 [gǔkē] 구커 정형외과

□ 诊察 [zhěnchá] 전차 진찰하다

□ 悬带 [xuándài] 쉬엔따이 팔걸이 붕대

□ 绷带 [bēngdài] 뻥따이 붕대

□ 缠绷带 [chánbēngdài] 찬뻥따이 붕대를 감다

□ 三角绷带 [sānjiǎobēngdài] 싼쟈오뻥따이 삼각건

① 질병(疾病)

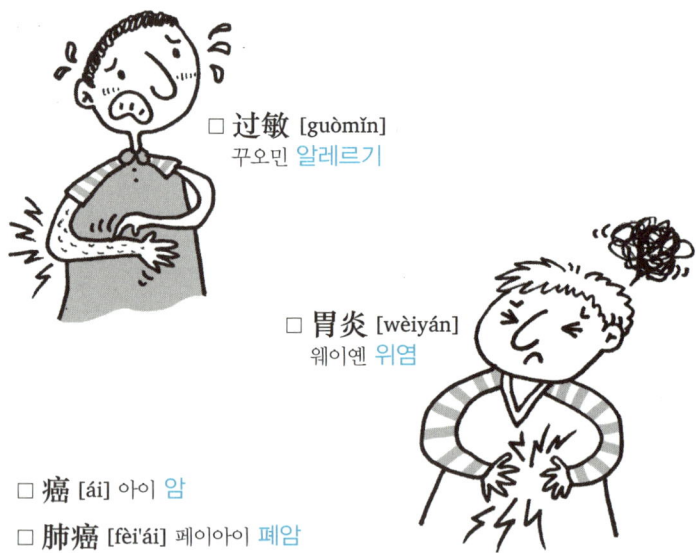

☐ 过敏 [guòmǐn]
꾸오민 알레르기

☐ 胃炎 [wèiyán]
웨이옌 위염

☐ 癌 [ái] 아이 암

☐ 肺癌 [fèi'ái] 페이아이 폐암

☐ 流行性感冒
[liúxíngxìnggǎnmào]
류싱싱간마오 독감

☐ 感冒 [gǎnmào] 간마오 감기

□ 高血压
[gāoxuèyā] 까오슈에야
고혈압

□ 脑中风
[nǎozhòngfēng]
나오종펑 뇌졸중

□ 流行病
[liúxíngbìng]
류싱삥 유행병

□ 气喘病
[qìchuǎnbìng]
치촨삥 천식

□ 心脏病
[xīnzàngbìng]
신장삥 심장병

□ 糖尿病 [tángniàobìng]
탕냐오삥 당뇨병

□ 肥胖 [féipàng]
페이팡 비만

□ 水痘 [shuǐdòu]
쉐이또우 수두

□ 压力 [yālì]
야리 스트레스

□ 肺炎 [fèiyán]
페이옌 폐렴

□ 腮腺炎 [sāixiànyán]
사이씨엔옌 볼거리

□ 麻疹 [mázhěn]
마전 홍역

□ 龋齿 [qǔchǐ]
취츠 충치

266

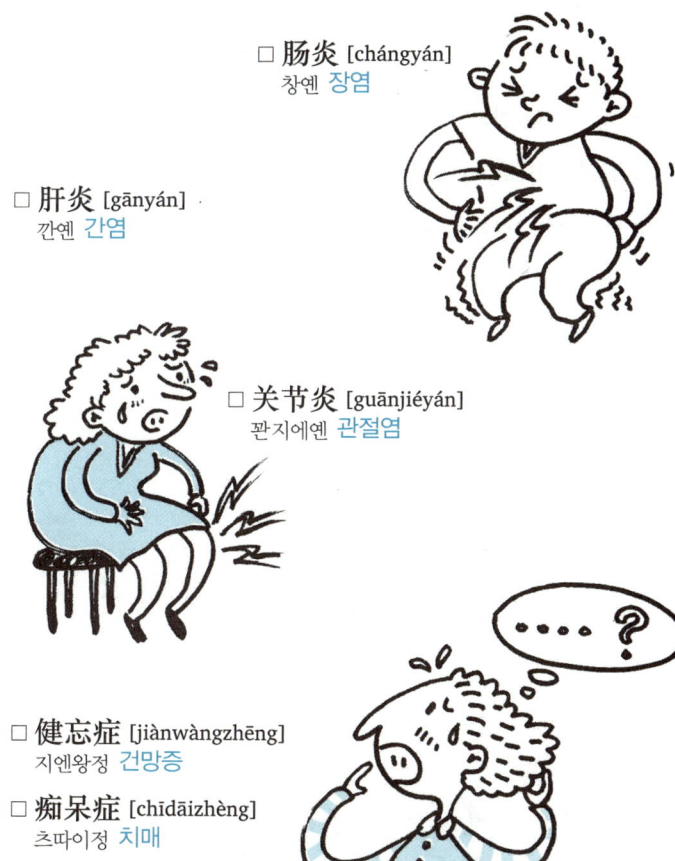

□ **肠炎** [chángyán]
창옌 장염

□ **肝炎** [gānyán]
깐옌 간염

□ **关节炎** [guānjiéyán]
꽌지에옌 관절염

□ **健忘症** [jiànwàngzhēng]
지엔왕정 건망증

□ **痴呆症** [chīdāizhèng]
츠따이정 치매

267

〈관련어〉

□ **脚气** [jiǎoqì] 쟈오치 무좀

□ **大肠炎** [dàchángyán] 따창옌 대장염

□ **大肠杆菌** [dàchánggǎnjūn] 따창깐쥔 대장균

□ **传染病** [chuánrǎnbìng] 촨란삥 전염병

□ **带菌者** [dàijūnzhě] 따이쥔저 보균자

□ **遗传病** [yíchuánbìng] 이촨삥 유전병

□ **顽症** [wánzhèng] 완정 고질병

□ **酒鬼** [jiǔguǐ] 지우꾸이 주정뱅이

□ **发作** [fāzuò] 파쭈오 발작

□ **发炎** [fāyán] 파옌 염증

□ **结核** [jiéhé] 지에허 결핵

□ **肺病** [fèibìng] 페이삥 폐병

□ **孕吐** [yùntù] 윈투 입덧

□ **过劳** [guōláo] 꾸오라오 과로

□ **溃疡** [kuìyáng] 쿠이양 궤양

□ **甲状腺机能亢进** [jiǎzhuàngxiànjīnéngkàngjìn]
   쟈쫭시엔지넝캉진 갑상선기능 항진증

□ **甲状腺炎** [jiǎzhuàngxiànyán] 쟈쫭시엔옌 갑상선염

□ **大脖子病** [dàbózibìng] 따보쯔삥 갑상선종

② 증상(症状)

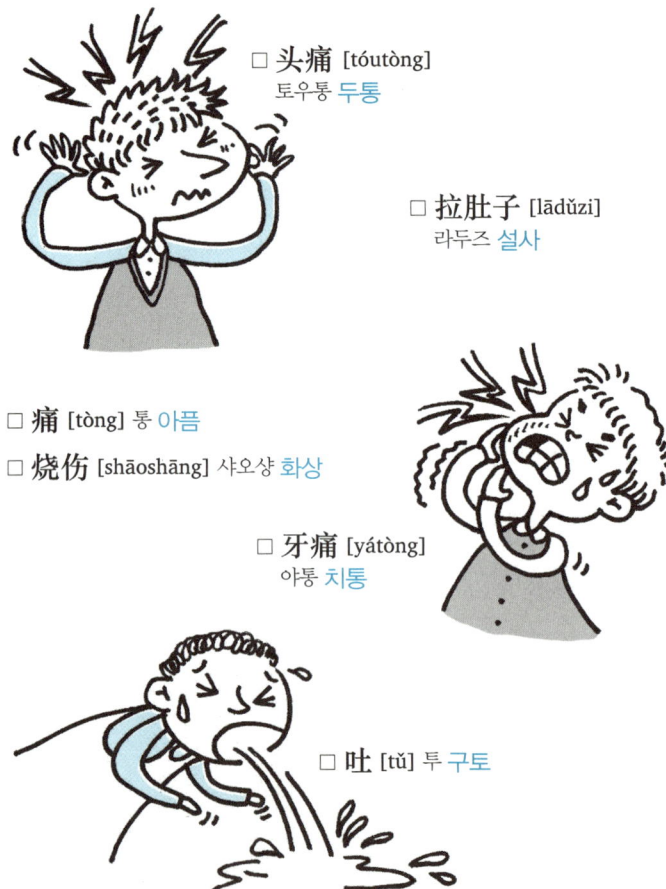

□ 头痛 [tóutòng]
토우통 두통

□ 拉肚子 [lādǔzi]
라두즈 설사

□ 痛 [tòng] 통 아픔

□ 烧伤 [shāoshāng] 샤오샹 화상

□ 牙痛 [yátòng]
야통 치통

□ 吐 [tǔ] 투 구토

□ 骨折 [gǔzhé]
구저 골절

□ 打嗝儿 [dǎgér] 다거얼 딸꾹질

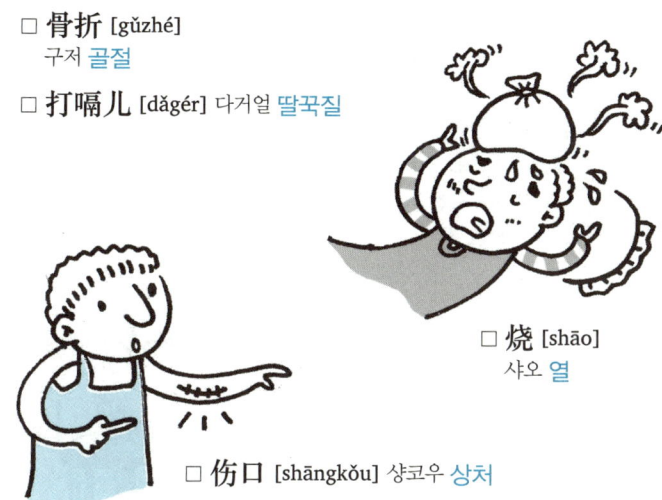

□ 烧 [shāo]
샤오 열

□ 伤口 [shāngkǒu] 샹코우 상처

□ 消化不良 [xiāohuàbùliáng]
샤오화부량 소화불량

□ 咳嗽 [késou] 커소우 기침

□ 打喷嚏 [dǎpēntì]
다펀티 재채기

271

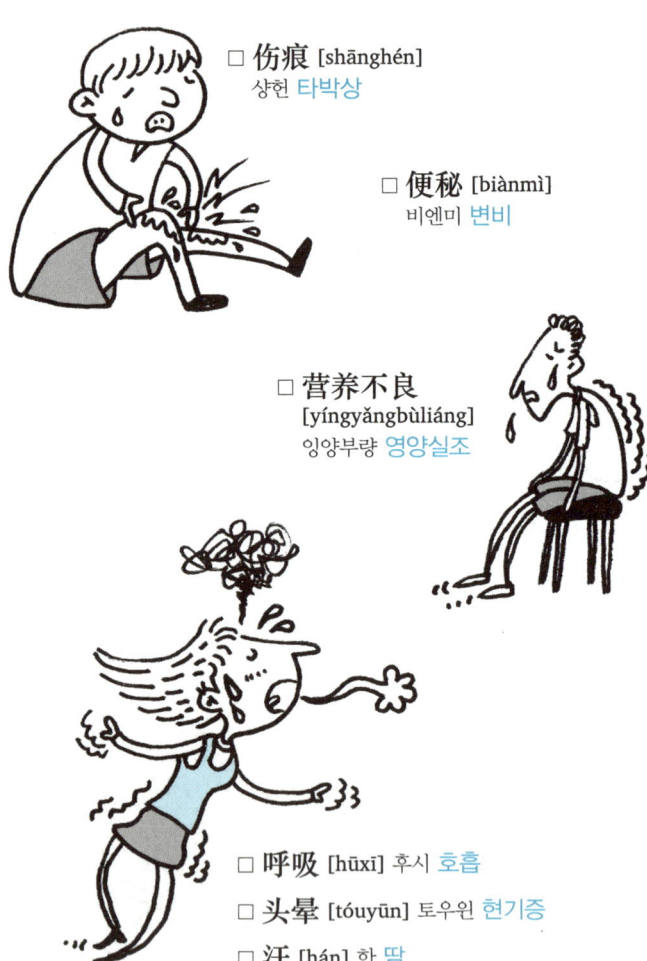

□ 伤痕 [shānghén]
상헌 타박상

□ 便秘 [biànmì]
비엔미 변비

□ 营养不良
[yíngyǎngbùliáng]
잉양부량 영양실조

□ 呼吸 [hūxī] 후시 호흡

□ 头晕 [tóuyūn] 토우윈 현기증

□ 汗 [hán] 한 땀

□ 尿 [niào] 냐오 소변
□ 排泄物 [páixièwù] 파이시에우 배설물

□ 恶心 [ěxīn] 어신 메스꺼움

□ 寒气 [hánqì] 한치 오한
□ 出血 [chūxiě] 추시에 출혈
□ 水泡 [shuǐpào]
쉐이파오 물집

□ 偏头痛 [piāntóutòng]
피엔토우통 편두통
□ 晕倒 [yūndǎo] 윈다오 기절
□ 鼻涕 [bítì] 비티 콧물

〈관련어〉

□ **心脏病发作** [xīnzàngbìngfāzuò] 신장삥파쭈오 심장발작

□ **斑疹** [bānzhěn] 반전 발진

□ **后遗症** [hòuyízhèng] 호우이정 후유증

□ **伤残人** [shāngcánrén] 샹찬런 신체 장애자

□ **盲人** [mángrén] 망런 장님

□ **聋子** [lóngzi] 롱즈 귀머거리

□ **哑巴** [yǎba] 야바 벙어리

□ **聋哑** [lóngyǎ] 롱야 농아

□ **化脓** [huànóng] 화농 화농

□ **晒伤** [shàishāng] 샤이샹 볕에 탐

□ **缺乏** [quēfá] 취에파 결핍

□ 大手术 [dàshǒushù] 따쇼우슈 대수술

□ 助听器 [zhùtīngqì] 주팅치 보청기

□ 阑尾炎 [lánwěiyán] 란웨이옌 맹장염

□ 吸入器 [xīrùqì] 시루치 흡입기

□ 吸氧器 [xīyǎngqì] 시양치 산소흡입기

□ 体力 [tǐlì] 티리 체력

□ 体格 [tǐgé] 티거 체격

□ 呼吸道 [hūxīdào] 후시다오 호흡기관

□ 精神病人 [jīngshénbìngrén] 징션삥런 정신병 환자

□ 精神病院 [jīngshénbìngyuàn] 징션삥위엔 정신병원

□ 精神病医生 [jīngshénbìngyīshēng] 징션삥이셩 정신병 전문의

□ 卫生情况 [wèishēngqíngkuàng] 웨이셩칭쾅 위생상태

chapter 2 우체국(邮局)

□ 邮局职工 [yóujúzhígōng]
요우쥐즈꽁 우체국 직원

□ 邮费 [yóufèi]
요우페이 우편요금

□ 邮件 [yóujiàn]
요우지엔 우편물

□ 平邮 [píngyóu] 핑요우 육상우편

□ 投递信件 [tóudìxìnjiàn]
토우띠신지엔 우편배달

□ 信 [xìn] 신 편지

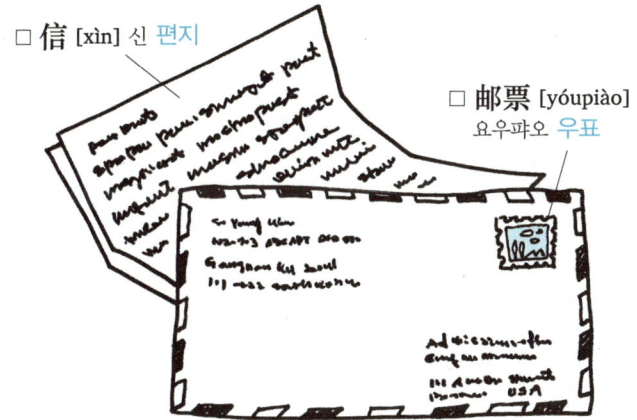

□ 邮票 [yóupiào]
요우퍄오 우표

□ 信封 [xìnfēng] 신펑 봉투

□ 航空邮件 [hángkōngyóujiàn] 항콩요우지엔 항공우편

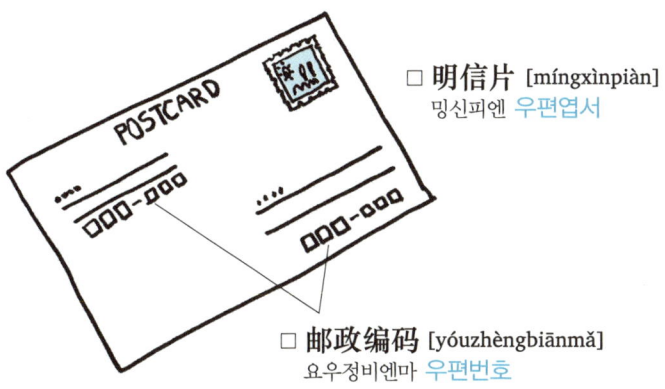

□ 明信片 [míngxìnpiàn]
밍신피엔 우편엽서

□ 邮政编码 [yóuzhèngbiānmǎ]
요우정비엔마 우편번호

□ **信箱** [xìnxiāng]
신샹 우체통

□ **快信** [kuàixìn] 콰이신 속달

□ **电报** [diànbào] 디엔바오 전보

□ **挂号信** [guàhàoxìn] 과하오신 등기우편물

□ **返回地址** [fǎnhuídìzhǐ] 판후이디즈 발신인 주소

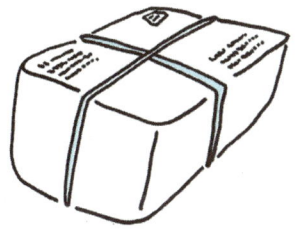

□ **包裹** [bāoguǒ]
바오구오 소포

□ **送货上门**
[sònghuòshàngmén]
송후오샹먼 택배

□ **邮递员** [yóudìyuán]
요우디위엔 우편 배달부

□ **窗口** [chuāngkǒu]
촹코우 창구

□ **秤** [chèng]
청 저울

□ **邮戳** [yóuchuō]
요우추오 소인

279

〈관련어〉

□ **邮件** [yóujiàn] 요우지엔 우편

□ **邮机** [yóujī] 요우지 우편비행기

□ **邮车** [yóuchē] 요우처 우편열차

□ **邮件马车** [yóujiàn mǎchē]
  요우지엔마처 우편마차

□ **邮件截止日** [yóujiànjiézhǐrì]
  요우지엔지에즈르 배달일

□ **邮箱** [yóuxiāng] 요우샹 우편함

□ **军队邮局** [jūnrényóujú] 쥔런요우쥐 군사우체국

□ **脆弱** [cuìruò] 추이루오 부서지기 쉬움

□ **垃圾邮件** [lājīyóujiàn] 라지요우지엔 스팸메일

chapter 3

은행(Bank)

□ 存折 [cúnzhé]
춘저 통장

□ 信用卡 [xìnyòngkǎ]
신용카 신용카드

□ 银行出纳员 [Yínhángchūnàyuán]
인항추나위엔 은행 출납원

□ 警卫 [jǐngwèi] 징웨이 경비

□ 存款账户 [cúnkuǎnzhànghù] 춘콴장후 예금계좌

□ 钱 [qián] 치엔 돈

□ 现金 [xiànjīn] 시엔진 현금

□ 硬币 [yìngbì] 잉삐 동전

□ 纸币 [zhǐbì]
즈삐 지폐

□ 支票 [zhīpiào] 즈퍄오 수표

□ 银票 [yínpiào] 인퍄오 어음

□ 自动存提款机
[zìdòngcúntíkuǎnjī]
즈똥춘티콴지 자동현금인출기

□ 汇款 [huìkuǎn]
후이콴 송금

□ 保险柜 [bǎoxiǎnguì]
바오시엔꾸이 금고

□ 自动转账
[zìdòngzhuǎnzhàng]
즈똥좐장 자동이체

□ 存款单 [cúnkuǎndān]
춘콴딴 예금용지

□ 提款单 [tíkuǎndān]
티콴딴 출금용지

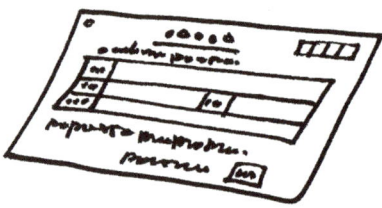

□ 银行手续费 [Yínhángshǒuxùfèi]
인항쇼우쉬페이 은행수수료

□ 顾客 [gùkè]
구커 고객

□ **存款** [cúnkuǎn] 춘콴 저축
□ **外汇率** [wàihuìlǜ] 와이후이뤼 환율

□ **贷款** [dàikuǎn] 따이콴 융자

□ **攒钱** [cuánqián] 촨치엔 적금

□ **本金** [běnjīn] 번진 원금
□ **利息** [lìxī] 리시 이자

〈관련어〉

□ **伪钞** [wěichāo] 웨이챠오 위조지폐

□ **银行股票** [Yínhánggǔpiào] 인항구퍄오 은행주(식)

□ **账号** [zhànghào] 장하오 예금계좌번호

□ **出纳员** [chūnàyuán] 추나위엔 출납원

□ **键盘** [jiànpán] 지엔판 키패드

□ **付款** [fùkuǎn] 푸콴 지불

□ **按月付费** [ànyuèfùfèi] 안위에푸페이 월부

□ **月结单** [yuèjiédān] 위에지에딴 매월납부명세서

□ **签名** [qiānmíng] 치엔밍 서명

□ 密码 [mìmǎ] 미마 비밀번호

□ 储蓄 [chǔxù] 추쉬 저축하다

□ 换钱 [huànqián] 환치엔 환전하다

□ 汇款 [huìkuǎn] 후이콴 송금하다

□ 存款 [cúnkuǎn] 춘콴 예금하다

□ 付款 [fùkuǎn] 푸콴 출금하다

□ 货币 [huòbì] 후오삐 화폐

□ 现金卡 [xiànjīnkǎ] 시엔진카 현금카드

□ 旅行支票 [lǚxíngzhīpiào] 뤼싱즈퍄오 여행자수표

□ 本票 [běnpiào] 번퍄오 보증수표

□ 金利 [jīnlì] 진리 금리

chapter 4 공항(机场)

□ 塔台 [tǎtái] 타타이 관제탑

□ 客机 [kèjī] 커지 여객기

□ 跑道 [pǎodào] 파오다오 활주로

□ 免税店 [miǎnshuìdiàn] 미엔쉐이디엔 면세점

□ 行李提领处 [xínglitílǐngchù] 시리티링추 수화물 찾는 곳

□ 关税 [guānshuì] 꽌쉐이 관세

□ **国内线** [guónèixiàn] 구오네이시엔 국내선

□ **国际线** [guójìxiàn] 구오지시엔 국제선

□ **金属探测器** [jīnshǔtàncèqì]
진슈탄처치 금속 탐지기

□ **预订** [yùdìng] 위띵 예약

□ **目的地** [mùdìdì] 무디디 목적지

□ 到 [dào] 다오 도착하다

□ 着陆 [zhuólù]
주오루 착륙

□ 高空飞行 [gāokōngfēixíng]
까오콩페이싱 고도비행

□ 飞机时差 [fēijīshíchā] 페이지스차 시차

□ 出发 [chūfā]
추파 출발

□ 起飞 [qǐfēi]
치페이 이륙

□ **护照** [hùzhào] 후쟈오 여권

□ **登机卡** [dēngjīkǎ] 떵지카 탑승권

□ **签证** [qiānzhèng] 치엔정 비자

□ **检查** [jiǎnchá] 지엔차 검사

□ **入境检查** [rùjìngjiǎnchá] 루징지엔차 입국심사

□ **检疫站** [jiǎnyìzhàn] 지엔이잔 검역소

□ **等候** [děnghòu] 덩호우 대기

〈관련어〉

□ 安全检查 [ānquánjiǎnchá] 안췐지엔차 보안검색

□ 机场大巴 [jīchǎngdàbā] 지창다빠 공항버스

□ 乘机登记处 [chéngjīdēngjìchǔ] 청지떵지추 탑승수속창구

□ 行李托管证 [xínglituōguǎnzhèng] 싱리투어꽌정 수화물 물표

□ 托运行李手续 [tuōyùnxínglǐshǒuxù] 투어윈싱리쇼우쉬 탁송화물수속

□ 手提包 [shǒutíbāo] 쇼우티바오 손가방

□ 申报 [shēnbào] 션빠오 (세관에 과세품등을)신고하다

□ 候补名单 [hòubǔmíngdān] 호우뿌밍딴 후보명단

□ 直飞 [zhífēi] 즈페이 직항편

□ 夜间飞行 [yèjiānfēixíng] 예지엔페이싱 야간비행

□ 机票 [jīpiào] 지퍄오 항공권

□ 乘务员 [chéngwùyuán] 청우위엔 승무원

□ 领航员 [lǐnghángyuán] 링항위엔 파일럿

□ 安全门 [ānquánmén] 안췐먼 비상구

□ 延迟 [yánchí] 옌츠 연착

□ 中途停留 [zhōngtútíngliú] 종투팅리유 도중 하차

□ 登机口号码 [dēngjīkǒuhàomǎ] 떵지코우하오마 탑승구번호

□ 候机室 [hòujīshì] 호우지스 탑승대기실

□ 靠窗座位 [kàochuāngzuòwèi] 카오촹 쭈오웨이 창가측 좌석

□ 靠走道的座位 [kàozǒudàodezuòwèi] 카오조우따오더 쭈오웨이 통로측 좌석

□ 洗手间 [xǐshǒujiān] 시쇼지엔 화장실

□ 座舱 [zuòcāng] 쭈오창 조종실

chapter 5

쇼핑과 취미(购物与兴趣)

1 쇼핑(购物)

□ **商场** [shāngchǎng] 샹창 쇼핑센터
□ **百货公司** [bǎihuògōngsī] 바이후오꽁쓰 백화점

□ **纪念品商店** [jìniànpǐnshāngdiàn]
지니엔핀샹디엔 기념품점

□ **停车场** [tíngchēchǎng]
팅처창 주차장

□ **男装** [nánzhuāng]
난쫭 남성복

□ **女装** [nǚzhuāng]
뉘쫭 여성복

□ **收据** [shōujù]
쇼우쥐 영수증

□ **退还** [tuìhuán] 투이환 환불

□ **保证函** [bǎozhènghán] 바오정한 보증서

□ **体育用品** [tǐyùyòngpǐn]
티위용핀 스포츠 용품

□ **厨房用具**
[chúfángyòngjù]
추팡용쥐 주방용품

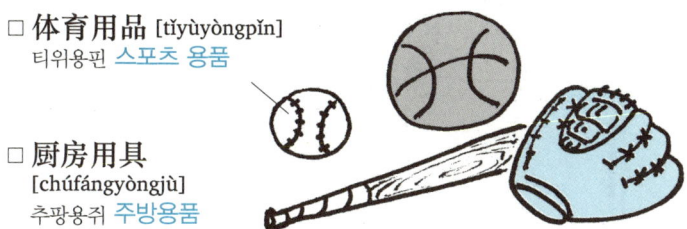

295

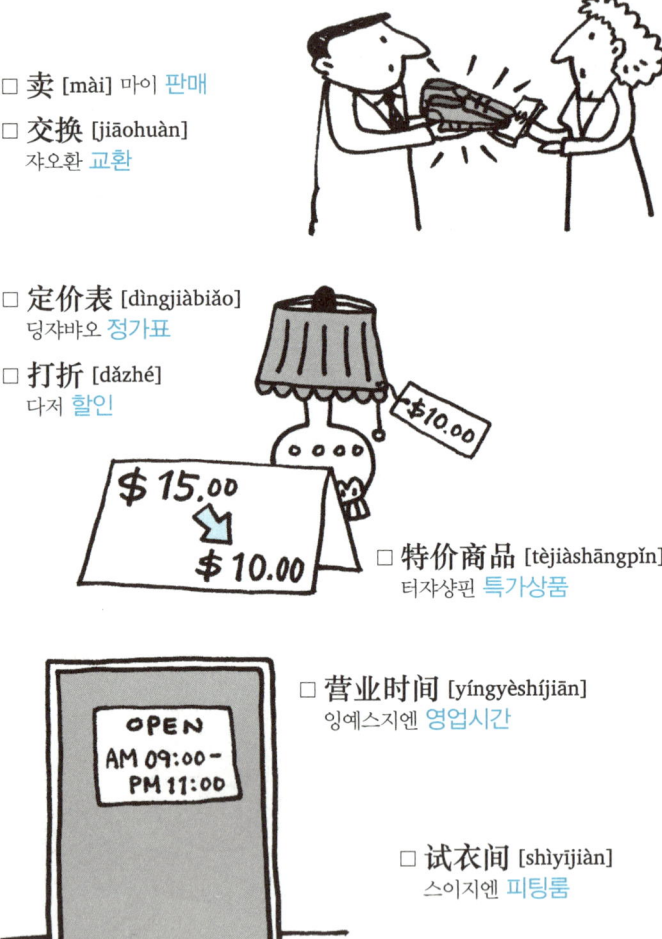

□ 卖 [mài] 마이 판매

□ 交换 [jiāohuàn] 쟈오환 교환

□ 定价表 [dìngjiàbiǎo] 딩쟈뱌오 정가표

□ 打折 [dǎzhé] 다저 할인

□ 特价商品 [tèjiàshāngpǐn] 터쟈상핀 특가상품

□ 营业时间 [yíngyèshíjiān] 잉예스지엔 영업시간

□ 试衣间 [shìyījiàn] 스이지엔 피팅룸

□ **便利店** [biànlìdiàn] 비엔리디엔 편의점

□ **收银机** [shōuyínjī]
쇼우인지 금전등록기

□ **店员** [diànyuán]
디엔위엔 점원

□ **客人** [kèrén]
커런 손님

□ **手推车** [shǒutuīchē]
쇼우투이처 (쇼핑)카트

□ **商标** [shāngbiāo]
샹뱌오 상표

□ **女店员** [nǚdiànyuán]
뉘디엔위웬 여점원

〈관련어〉

□ 柜台 [guìtái] 꾸이타이 계산대

□ 条形码 [tiáoxíngmǎ] 탸오싱마 바코드

□ 目录册 [mùlùcè] 무루처 카탈로그

□ 保证书 [bǎozhèngshū] 바오정슈 보증서

□ 礼品店 [lǐpǐndiàn] 리핀디엔 선물 가게

□ 包装台 [bāozhuāngtāi] 바오좡타이 포장코너

□ 美食街 [měishijiē] 메이스지에 푸드코트

□ 失物招领处 [shīwùzhāolǐngchù]
스우쟈오링추 분실물 센터

□ **体育用品角** [tǐyùyòngpǐnjiǎo]
  티위용핀쟈오 스포츠용품 코너

□ **开放时间** [kāifàngshíjiān]
  카이팡스지엔 운영시간

□ **清仓大处理** [qīngcāngdàchǔlǐ]
  칭창따추리 재고정리 세일

□ **定金** [dìngjīn] 띵진 계약금

□ **赔偿** [péicháng] 페이창 배상

② 취미(兴趣)

□ 旅行 [lǚxíng] 뤼싱 여행

□ 电影 [diànyǐng] 디엔잉 영화

□ 收集 [shōují] 쇼우지 수집

□ 演唱会 [yǎnchànghuì]
옌창후이 콘서트

□ 舞 [wǔ] 우 춤

□ 音乐 [yīnyuè] 인위에 음악

□ 看书 [kànshū]
칸슈 독서

□ 工艺 [gōngyì] 꽁이 공예

□ 料理 [liàolǐ] 랴오리 요리

□ 表演 [biǎoyǎn] 뱌오옌 연기

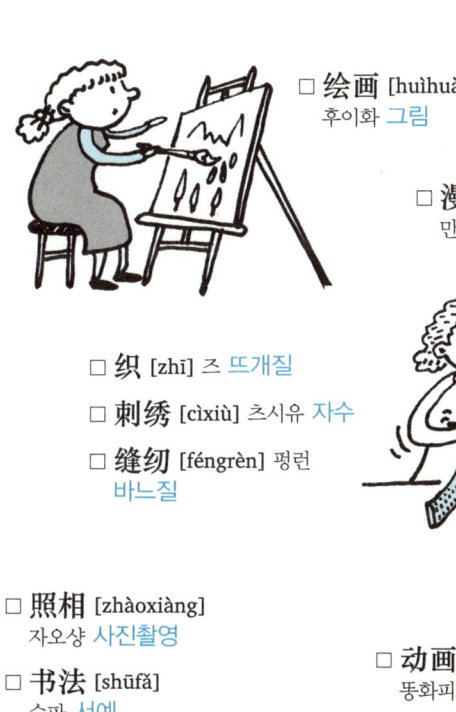

□ 绘画 [huìhuà]
후이화 그림

□ 漫画 [mànhuà]
만화 만화

□ 织 [zhī] 즈 뜨개질

□ 刺绣 [cìxiù] 츠시우 자수

□ 缝纫 [féngrèn] 펑런
바느질

□ 照相 [zhàoxiàng]
자오샹 사진촬영

□ 书法 [shūfǎ]
슈파 서예

□ 动画片 [dònghuàpiàn]
똥화피엔 만화영화

□ 登山 [dēngshān]
떵샨 등산

□ 徒步旅行 [túbùlǚxíng]
투뿌뤼싱 하이킹

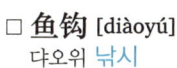

□ 鱼钩 [diàoyú]
댜오위 낚시

〈관련어〉

□ **模型制作** [móxíngzhìzuò] 모싱즈쭈오 모형제작

□ **模型建筑** [móxíngjiànzhù] 모싱지엔주 모형조립

□ **折纸术** [zhézhǐshù] 저즈슈 종이접기

□ **天体观测** [tiāntǐguāncè] 티엔티꽌처 천체관측

□ **集邮** [jíyóu] 지요우 우표수집

□ **硬币收集** [yìngbìshōují] 잉삐쇼우지 동전수집

□ **收集** [shōují] 쇼우지 수집

□ **拼图游戏** [pīntúyóuxì] 핀투요우시 조각퍼즐

□ **纵横字谜游戏** [zònghéngzìmíyóuxì]
종헝쯔미요우시 십자말풀이

□ **国际象棋** [guójìxiàngqí] 구어지샹치 체스

□ **纸牌游戏** [zhǐpáiyóuxì] 즈파이요우시 카드놀이

□ **打赌** [dǎdǔ] 다두 내기

□ **歌舞剧** [gēwǔjù] 거우쥐 뮤지컬

□ **歌剧** [gējù] 거쥐 오페라

□ **连载漫画** [liánzǎimànhuà] 리엔짜이만화 연재만화

□ **驾车出游** [jiàchēchūyóu] 쟈처추요우 드라이브

□ **陶瓷** [táocí] 타오츠 도자기

□ **雕刻** [diāokè] 댜오커 조각

□ **麻将** [májiàng] 마쟝 마작

□ **木偶剧** [mùǒujù] 무오우쥐 인형극

□ **木偶** [mùǒu] 무오우 꼭두각시

□ **观察研究野鸟** [guāncháyánjiūyěniǎo]
꽌차옌지우예냐오 들새 관찰

chapter 6

여행, 종교, 스포츠(旅行, 宗教, 体育)

1 여행(旅行)

□ 观光 [guānguāng] 꽌꽝 관광

□ 夜景 [yèjǐng] 예징 야경

□ 当天来回的旅行 [dāngtiānláihuídelǚxíng] 땅티엔라이후이더뤼싱 당일치기 여행

□ 海外旅行 [hǎiwàilǚxíng] 하이와이뤼싱 해외여행

□ 国内旅行 [guónèilǚxíng] 구오네이뤼싱 국내여행

□ 短途旅行 [duǎntúlǚxíng] 두안투뤼싱 단거리여행

□ **跟团旅游** [gēntuánlǚyóu]
껀투안뤼요우 단체여행

□ **蜜月旅行** [mìyuèlǚxíng]
미위에뤼싱 신혼여행

□ **旅行社** [lǚxíngshè]
뤼싱셔 여행사

□ **观光客** [guānguāngkè]
꽌꽝커 관광객

□ **旅程** [lǚchéng] 뤼청 여행일정

□ **乘船航游** [chéngchuánhángyóu]
청촨항요우 선박여행

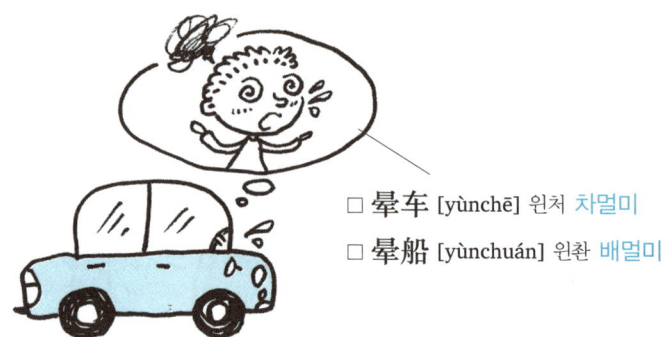

□ 晕车 [yùnchē] 윈처 차멀미

□ 晕船 [yùnchuán] 윈촨 배멀미

□ 纪念碑 [jìniànbēi]
지니엔뻬이 기념비

□ 民俗村 [mínsúcūn]
민수춘 민속촌

□ 展望 [zhǎnwàng]
잔왕 전망

□ 温泉 [wēnquán] 원취엔 온천

□ **风景** [fēngjǐng] 펑징 풍경
□ **遗址** [yízhǐ] 이즈 유적

□ **纪念品** [jìniànpǐn] 지니엔핀 기념품
□ **土产品** [tǔchǎnpǐn] 투찬핀 토산품

〈관련어〉

☐ **夜晚旅行** [yèwǎnlǚxíng] 예완뤼싱 야간여행

☐ **夜车** [yèchē] 예처 야간열차

☐ **汽车旅行** [qìchēlǚxíng] 치처뤼싱 자동차여행

☐ **视察旅行** [shìchálǚxíng] 스차뤼싱 시찰여행

☐ **结婚旅行** [jiéhūnlǚxíng] 지에훈뤼싱 신혼여행

☐ **周末旅行** [zhōumòlǚxíng] 조우모뤼싱 주말여행

☐ **环程旅行** [huánchénglǚxíng] 환청뤼싱 일주여행

☐ **瞭望台** [liàowàngtái] 랴오왕타이 전망대

☐ **公费旅游** [gōngfèilǚyóu] 꽁페이뤼요우 관비여행

☐ **艺术作品** [yìshùzuòpǐn] 이슈쭈오핀 예술작품

☐ **古迹** [gǔjì] 구지 고적, 사적

□ **必须要看** [bìxūyāokān] 비쉬야오칸 꼭 봐야 할 것

□ **背包旅行** [bèibāolǚxíng] 뻬이바오뤼씽 배낭여행

□ **地图** [dìtú] 디투 지도

□ **游客** [yóukè] 요우커 여행자

□ **旅游团** [lǚyóutuán] 뤼요우투안 관광단

□ **观光域市** [guānguāngyùshì] 꽌꽝위스 관광도시

□ **旅游产业** [lǚyóuchǎnyè] 뤼요우찬예 관광산업

□ **旅游胜地** [lǚyóushèngdì] 뤼요우셩디 관광지

□ **航海** [hánghǎi] 항하이 항해

□ **陆上旅行** [lùshànglǚxíng] 루샹뤼싱 (육상)여행

2 종교(宗教)

□ 仪式 [yíshì]
이스 (종교)의식

□ 信仰 [xìnyǎng]
신양 신앙

□ 皈依者 [guīyīzhě]
꾸이이저 귀의자

□ 基督教 [jīdūjiào]
지두쟈오 기독교

□ 天主教 [tiānzhǔjiào]
티엔주쟈오 가톨릭교

□ 基督徒 [jīdūtú] 지두투 기독교도

□ 讲道 [jiǎngdào]
쟝다오 설교

□ 礼拜 [lǐbài]
리바이 예배

□ 天主教徒 [tiānzhǔjiàotú]
티엔주쟈오투 가톨릭교도

□ 印度教徒 [yìndùjiàotú]
인두쟈오투 힌두교도

□ 印度教 [yìndùjiào]
인두쟈오 힌두교

□ 回教徒 [huíjiàotú] 후이쟈오투 이슬람교도

□ 伊斯兰教 [yīsīlánjiào]
이스란쟈오 이슬람교

□ 儒教 [rújiào] 루쟈오 유교

□ 儒生 [rúshēng] 루셩 유생

□ 寺庙 [sìmiào] 쓰먀오 절

□ 佛教 [fójiào] 포쟈오 불교

□ 佛教徒 [fójiàotú] 포쟈오투 불교도

□ 萨满教 [sàmǎnjiào]
사만쟈오 샤머니즘

□ 巫婆 [wūpó] 우포 무당

□ 萨满教信徒 [sàmǎnjiàoxìntú]
사만쟈오신투 샤머니즘의 신자

恶魔 [èmó] 어모 악마

□ 上帝 [shàngdì] 샹디 하느님
□ 神 [shén] 션 신

□ 新教徒 [xīnjiàotú]
  신쟈오투 신교도
□ 洗礼 [xǐlǐ] 시리 세례

BIBLE

□ 圣经
  [shèngjīng]
  셩징 성경

□ 礼拜 [lǐbài] 리바이 예배
□ 教堂 [jiàotáng] 쟈오탕 교회

□ 弥撒 [mísā] 미사 미사

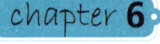

- □ **教皇** [jiàohuáng] 쟈오황 교황
- □ **大教堂** [dàjiàotáng]
  따쟈오탕 대성당
- □ **十字架** [shízìjià] 스즈쟈 십자가

- □ **主教** [zhǔjiào] 쥬쟈오 주교
- □ **枢机主教** [shūjīzhǔjiào]
  슈지쥬쟈오 추기경

- □ **圣歌** [shènggē] 셩거 찬송가
- □ **天堂** [tiāntáng] 티엔탕 천국

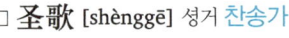

- □ **地狱** [dìyù] 디위 지옥
- □ **葬礼** [zànglǐ] 장리 장례식

- □ **神职人员** [shénzhírényuán]
  션즈런위엔 성직자

□ **传教士** [chuánjiàoshì]
촨쟈오스 선교사

□ **唱诗班** [chàngshībān]
창스빤 성가대

□ **火葬** [huǒzàng] 후오장 화장

□ **墓** [mù] 무 무덤
□ **埋葬** [máizàng]
마이장 매장

□ **狂热信奉者** [kuángrèxìnfèngzhě] 쾅러신펑저 광신자

□ **复活节** [fùhuójié]
푸후오지에 부활절

□ **福音** [fúyīn] 푸인 복음
□ **先知** [xiānzhī] 시엔즈 예언자

〈관련어〉

□ 佛 [fú] 푸 부처

□ 基督 [jīdū] 지두 그리스도

□ 穆罕默德 [mùhǎnmòdé] 무한모더 모하메드

□ 因果报应 [yīnguǒbàoyìng] 인구오바오잉 인과응보

□ 恶魔 [èmó] 어모 악마

□ 鬼 [guǐ] 꾸이 유령

□ 罪 [zuì] 쭈이 죄

□ 原罪 [yuánzuì] 위엔쭈이 원죄

□ 相信 [xiāngxìn] 샹신 믿다

□ **信徒** [xìntú] 신투 신자

□ **牧师** [mùshī] 무스 목사

□ **陵墓** [língmù] 링무 사당

□ **僧侣** [sēnglǚ] 성뤼 스님

□ **狂热信奉** [kuángrèxìnfèng] 쾅러신펑 광신

□ **复活节** [fùhuójié] 푸후오지에 부활절

□ **天使** [tiānshǐ] 티엔스 천사

□ **天堂** [tiāntáng] 티엔탕 천국

□ **人间乐园** [rénjiānlèyuán] 런지엔러위엔 지상낙원

□ 世俗的快乐 [shìsúdekuàilè] 스수더콰이러 세속적인 쾌락

□ 众生 [zhòngshēng] 종셩 중생

□ 绝对存在 [juéduìcúnzài] 주에뚜이춘짜이 절대존재

□ 人类 [rénlèi] 런레이 인간

□ 实际存在 [shíjìcúnzài] 스지춘짜이 실재

□ 人类牺牲 [rénlèixīshēng]
런레이시셩 인신공양

□ 人类的邪恶 [rénlèidexiéè]
런레이더시에어 인간의 약함

□ **誓言** [shìyán] 스옌 맹세

□ **祈祷** [qídǎo] 치다오 기도하다

□ **预言** [yùyán] 위옌 예언하다

□ **修女** [xiūnǚ] 슈뉘 수녀

□ **预言** [yùyán] 위옌 예언

□ **祝福** [zhùfú] 주푸 축복하다

3 스포츠(体育)

□ 足球 [zúqiú]
주추 축구

□ 棒球 [bàngqiú]
빵츄 야구

□ 美式足球
[měishìzúqiú]
메이스주츄 미식축구

□ 羽毛球
[yǔmáoqiú] 위마오츄
배드민턴

□ 网球 [wǎngqiú]
왕츄 테니스

□ 高尔夫 [gāoěrfū]
까오얼푸 골프

□ 曲棍球 [qūgùnqiú]
취꾼츄 하키

□ 乒乓球
[pīngpāngqiú] 핑팡츄 탁구

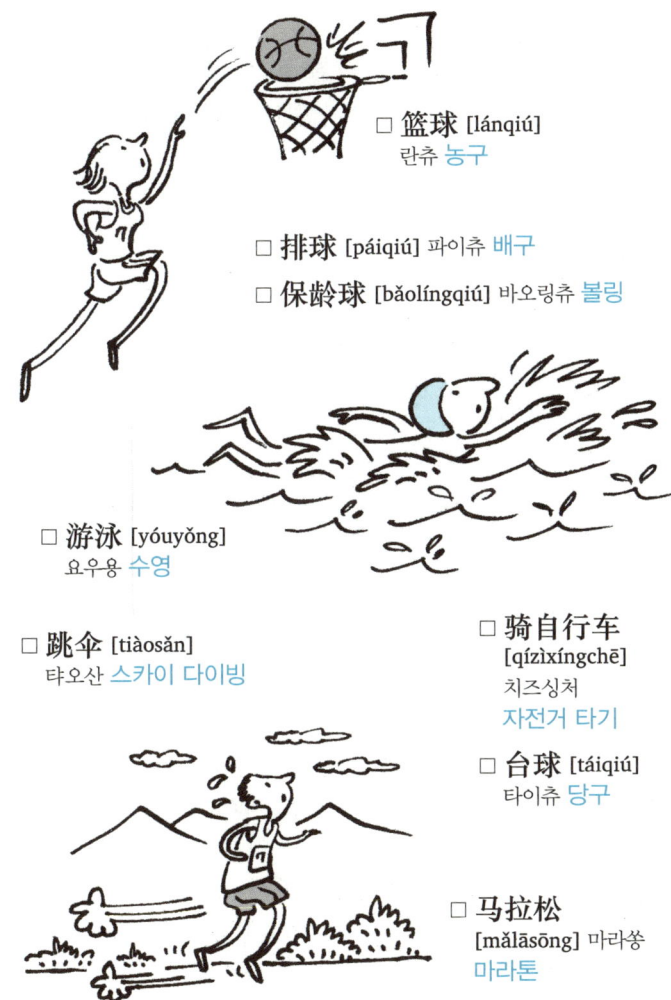

□ 篮球 [lánqiú]
란츄 농구

□ 排球 [páiqiú] 파이츄 배구
□ 保龄球 [bǎolíngqiú] 바오링츄 볼링

□ 游泳 [yóuyǒng]
요우용 수영

□ 跳伞 [tiàosǎn]
탸오산 스카이 다이빙

□ 骑自行车
[qízìxíngchē]
치즈싱처
자전거 타기

□ 台球 [táiqiú]
타이츄 당구

□ 马拉松
[mǎlāsōng] 마라쏭
마라톤

□ 柔道 [róudào] 로우다오 유도

□ 橄榄球 [gǎnlǎnqiú] 간란츄 럭비

□ 滑冰 [huábīng]
화빙 스케이트

□ 拳击 [quánjí] 취엔지 권투

□ 举重 [jǔzhòng] 쥐종 역도

□ 慢跑 [mànpǎo]
만파오 조깅

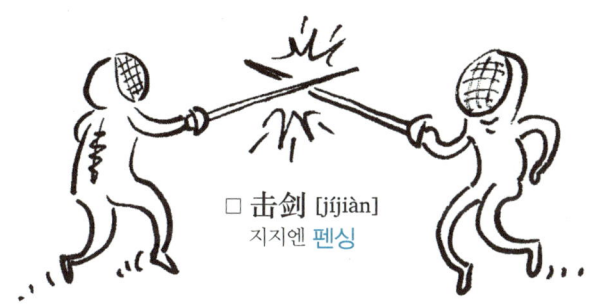

□ **击剑** [jíjiàn]
지지엔 펜싱

□ **体操** [tǐcāo]
티차오 체조

□ **射击** [shèjí] 셔지 사격

□ **犯规** [fànguī] 판꾸이 반칙
□ **犯规的处罚** [fànguīdechǔfá]
판꾸이더추파 패널티
□ **规则** [guīzé] 꾸이저 규칙

323

〈관련어〉

□ **滑雪** [huáxuě] 화슈에 스키

□ **撞球** [zhuàngqiú] 좡츄 당구

□ **帆板** [fānbǎn] 판반 윈드서핑

□ **骑术** [qíshù] 치슈 승마

□ **水肺潜水** [shuǐfèiqiánshuǐ] 쉐이페이치엔쉐이 스쿠버 다이빙

□ **训练** [xùnliàn] 쉰리엔 훈련

□ **飘筏** [piāofá] 퍄오파 뗏목타기

□ **手球** [shǒuqiú] 쇼우츄 핸드볼

□ **垒球** [lěiqiú] 레이츄 소프트볼

□ **球棒** [qiúbàng] 츄빵 배트

□ **棒球手套** [bàngqiúshǒutào] 빵츄쇼우타오 글러브

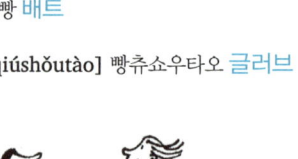

□ **假面具** [jiǎmiànjù] 쟈미엔쥐 가면

□ **球拍** [qiúpāi] 츄파이 라켓

□ **哑铃** [yǎlíng] 야링 아령

□ **钓竿** [diàogān] 댜오깐 낚싯대

□ **调节器** [tiáojiéqì] 탸오지에치 조절기

□ **脚蹼** [jiǎopǔ] 쟈오푸 오리발

□ **潜水衣** [qiánshuǐyī] 치엔쉐이이 잠수복

□ **活的钓饵** [huódediào'ěr] 후오더댜오얼 산미끼

□ **拉伸** [lāshēn] 라션 스트레칭

□ **潜水** [qiánshuǐ] 치엔쉐이 잠수

□ 橡皮圈 [xiàngpíquān] 샹피취엔 **고무튜브**

□ 潜水护目镜 [qiánshuǐhùmùjìng] 치엔쉐이후무징 **잠수용보안경**

□ 救生员 [jiùshēngyuán] 지우셩위엔 **(수영장)구조원**

□ 救生衣 [jiùshēngyī] 지우셩이 **구명 재킷**

□ 跳绳 [tiàoshéng] 탸오셩 **줄넘기**

□ 杠铃 [gànglíng] 깡링 **바벨**

□ 引体向上 [yǐntǐxiàngshàng] 인티샹샹 **턱걸이**

□ 仰卧起坐 [yǎngwòqǐzuò] 양워치쭈오 **윗몸 일으키기**

□ 俯卧撑 [fǔwòchēng] 푸워청 **팔굽혀펴기**

□ 健美操 [jiànměicāo] 지엔메이차오 **에어로빅**

□ **运动员** [yùndòngyuán] 윈똥위엔 선수

□ **判决** [pànjué] 판주에 심판

□ **教练** [jiàoliàn] 쟈오리엔 코치

□ **监督** [jiāndū] 지엔두 감독

□ **欢呼** [huānhū] 환후 응원

□ **运动** [yùndòng] 윈똥 운동

□ **乒乓球** [pīngpāngqiú] 핑팡츄 탁구

□ **运动员精神** [yùndòngyuánjīngshén] 윈똥위엔징션 스포츠맨쉽

□ **体育词汇** [tǐyùcíhuì] 티위츠후이 스포츠용어

□ **加时赛** [jiāshísài] 쟈스싸이 연장전

327

chapter 7

극장과 공원(剧场和公园)

1 극장(剧院)

□ 演出 [yǎnchū] 옌추 공연

□ 观众 [guānzhòng] 꽌종 관중

□ 听众 [tīngzhòng] 팅종 청중

□ 电影 [diànyǐng] 디엔잉 영화
□ 首映 [shǒuyìng] 쇼우잉 시사회

　□ 免费入场 [miǎnfèirùchǎng] 미엔페이루창 무료입장

　□ 表演 [biǎoyǎn] 뱌오옌 쇼

□ 门票 [ménpiào] 먼퍄오 입장권
□ 票价 [piàojià] 퍄오쟈 입장료

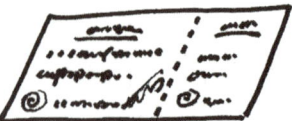

□ 出口 [chūkǒu] 추코우 출구

□ 鼓掌欢迎
[gǔzhǎnghuānyíng]
구장환잉 박수갈채

□ 影迷 [yǐngmí]
잉미 영화팬

□ 剧院 [jùyuàn]
쥐위엔 극장

□ 广告牌 [guǎnggàopái]
광까오파이 광고판

□ 紧急楼梯 [jǐnjílóutī] 진지로우티 비상계단

□ 华盖 [huágài] 화까이 차양

□ 入场 [rùchǎng] 루창 입장

□ 入口 [rùkǒu] 루코우 입구

□ 放映 [fàngyìng] 팡잉 상영

□ 女演员 [nǚyǎnyuán]
뉘옌위엔 여배우

□ 男演员 [nányǎnyuán]
난옌위엔 남배우

□ 座位 [zuòwèi]
쭈오웨이
좌석

□ 电影大片 [diànyǐngdàpiàn] 디엔잉따피엔 블록버스터

□ 售票处 [shòupiàochù]
쇼우퍄오추 매표소

□ 加演 [jiāyǎn] 쟈옌
앙코르

□ 电影预告片 [diànyǐngyùgàopiàn]
디엔잉위까오피엔
예고편

□ 续编 [xùbiān] 쉬비엔 속편

□ 短片 [duǎnpiàn] 두안피엔 단편영화

□ 恐怖电影
[kǒngbùdiànyǐng]
콩뿌디엔잉 공포영화

□ 屏幕 [píngmù]
핀무 스크린

□ 字幕 [zìmù] 쯔무 자막

□ 科幻 [kēhuàn] 커환 공상과학물

□ 场面 [chǎngmiàn]
창미엔 장면

□ 胶片 [jiāopiàn]
쟈오피엔 필름

□ 动作片
[dòngzuòpiàn]
똥쭈오피엔 액션영화

□ **默片** [mòpiàn] 모피엔 무성영화

□ **预订座** [yùdìngzuò] 위딩쭈오 예약석

□ **摄制** [shèzhì] 셔즈 제작

□ **制片人** [zhìpiànrén] 즈피엔런 프로듀서

□ **电影发行** [diànyǐngfāxíng]
디엔잉파싱 영화배급

□ **悲剧** [bēijù]
뻬이쥐 비극

□ **喜剧** [xǐjù]
시쥐 희극

□ 奖 [jiǎng] 쟝 상

□ 户外摄影 [hùwàishèyǐng]
후와이셔잉 야외촬영

□ 投影机 [tóuyǐngjī]
투오잉지 영사기

□ 导演 [dǎoyǎn]
다오옌 감독

□ 角色 [juésè] 쥬에써 배역

□ 替身 [tìshēn] 티션 대역

〈관련어〉

- □ 表演 [biǎoyǎn] 뱌오옌 연기
- □ 出色表演 [chūsèbiǎoyǎn] 추써뱌오옌 훌륭한 연기
- □ 台词 [táicí] 타이츠 대사
- □ 电影剧本 [diànyǐngjùběn] 디엔잉쥐번 영화각본
- □ 看台 [kàntái] 칸타이 관람석

- □ 角色 [juésè] 주에써 배역
- □ 主角 [zhǔjiǎo] 주쟈오 주역
- □ 惊险片 [jīngxiǎnpiàn] 징시엔피엔 스릴러물
- □ 旅行纪录片 [lǚxíngjìlùpiàn] 뤼싱지루피엔 관광영화
- □ 成人电影 [chéngréndiànyǐng] 청런디엔잉 성인영화
- □ 灾难片 [zāinànpiàn] 짜이난피엔 재난영화
- □ 胶片相机 [jiāopiànxiàngjī] 쟈오피엔샹지 영화카메라
- □ 影界 [yǐngjiè] 잉지에 영화계

☐ **影迷** [yǐngmí] 잉미 영화팬

☐ **观影** [guānyǐng] 꽌잉 영화구경

☐ **影业集中地区** [yǐngyèjízhōngdìqū]
잉예지종디취 영화제작지

☐ **摄影** [shèyǐng] 셔잉 촬영

☐ **短片** [duǎnpiàn] 두안피엔 단편영화

☐ **电影摄制者** [diànyǐngshèzhìzhě]
디엔잉셔즈저 영화 제작자

☐ **电影作品年表** [diànyǐngzuòpǐn niánbiǎo]
디엔잉쭈오핀니엔뱌오 필모그래피

☐ **首映** [shǒuyìng] 쇼우잉 특별 개봉

☐ **电影剧本** [diànyǐngjùběn] 디엔잉쥐번 시나리오

☐ **胶片记录器** [jiāopiànjìlùqì] 쟈오피엔지루치 필름레코더

☐ **年龄限制** [niánlíngxiànzhì] 니엔링시엔즈 연령제한

☐ **电影制片厂** [diànyǐngzhìpiànchǎng] 디엔잉즈피엔창 영화촬영소

2 공원(公园)

□ 国家公园 [guójiāgōngyuán]
구오쟈꽁위엔 국립공원

□ 游乐园 [yóulèyuán] 요우러위엔 놀이공원

□ 过山车 [guòshānchē]
구오샨처 롤러코스터

□ 旋转木马 [xuánzhuǎnmùmǎ]
쉬엔좐무마 회전목마

□ 小丑 [xiǎochǒu]
샤오쵸우 어릿광대

□ 游街 [yóujiē]
요우지에 퍼레이드

□ 摩天轮 [mótiānlún]
모티엔룬 대관람차

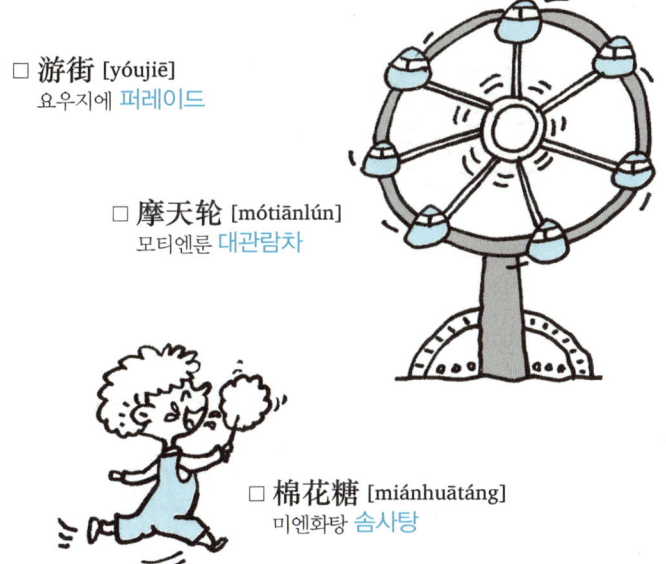

□ 棉花糖 [miánhuātáng]
미엔화탕 솜사탕

□ 快餐店 [kuàicāndiàn] 콰이찬디엔 스낵바

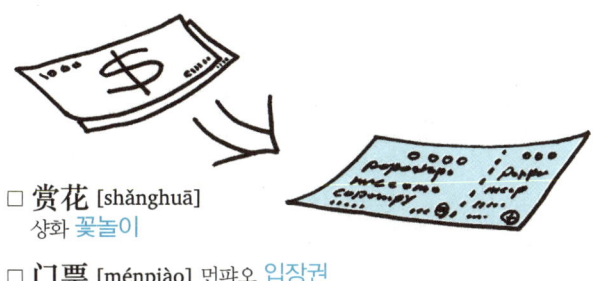

□ 赏花 [shǎnghuā]
샹화 꽃놀이

□ 门票 [ménpiào] 먼퍄오 입장권

□ 池 [chí] 츠 연못

□ 主题公园 [zhǔtígōngyuán]
주티꽁위엔 테마공원

□ 动物园 [dòngwùyuán]
동우위엔 동물원

□ 游戏机 [yóuxìjī]
요우시지 놀이기구

□ 高尔夫练习场 [gāoěrfūliànxíchǎng]
까오얼푸리엔시창 골프연습장

□ 靶场 [bǎchǎng] 바창 소총사격장

□ 植物园
[zhíwùyuán]
즈우위엔 식물원

□ 游乐场 [yóulèchǎng]
요우러창 놀이터

□ 滑梯 [huátī] 화티
미끄럼틀

□ 捉迷藏 [zhuōmícáng] 주오미창 술래잡기

□ 秋千 [qiūqiān]
치우치엔 그네

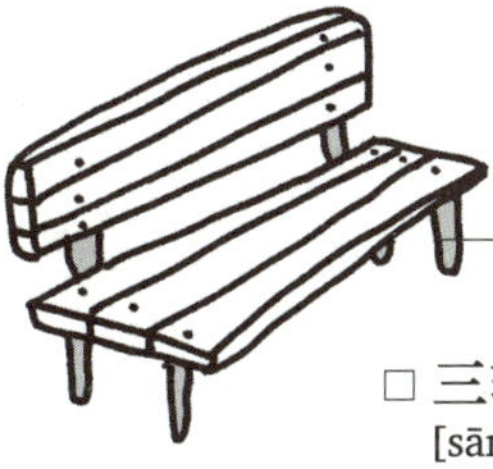

□ 跷跷板
[qiāoqiāobǎn]
챠오챠오반 시소

□ 长凳 [chángdèng] 창덩 벤치

□ 三轮自行车
[sānlúnzìxíngchē-əl]
싼룬즈싱처 세발자전거

□ 喷水 [pēnshuǐ]
펀쉐이 분수

〈관련어〉

- □ **景点** [jǐngdiǎn] 징디엔 볼거리
- □ **服务台** [fúwùtái] 푸우타이 안내소
- □ **娱乐税** [yúlèshuì] 위러쉐이 유흥세
- □ **行乐的客人** [xínglèdekèrén] 싱러더커런 행락객
- □ **国家公墓** [guójiāgōngmù] 구오쟈꽁무 국립묘지

- □ **国家森林公园** [guójiāsēnlíngōngyuán] 구오쟈썬린꽁위엔 국유림
- □ **公园一带** [gōngyuányīdài] 꽁위엔이따이 공원구역
- □ **棒球场** [bàngqiúchǎng] 빵츄창 야구장
- □ **公墓** [gōngmù] 꽁무 공원묘지
- □ **民俗村** [mínsúcūn] 민수춘 민속촌

□ 水景 [shuǐjǐng] 쉐이징 물가 풍경

□ 美术馆 [měishùguǎn] 메이슈관 미술관

□ 雕像 [diāoxiàng] 댜오샹 조각상

□ 博物馆 [bówùguǎn] 보우관 박물관

□ 故宫 [gùgōng] 꾸공 고궁

□ 水族馆 [shuǐzúguǎn] 쉐이주관 수족관

□ 展览会 [zhǎnlǎnhuì] 잔란후이 전람회

□ 传统茶屋 [chuántǒngcháwū] 촨통차우 전통찻집

□ 节日 [jiérì] 지에르 축제

□ 吊车 [diàochē] 댜오처 케이블카

□ 野游 [yěyóu] 예요우 소풍

□ 赛马 [sàimǎ] 싸이마 경마

chapter **8**

자연(自然)

1 동물(动物)

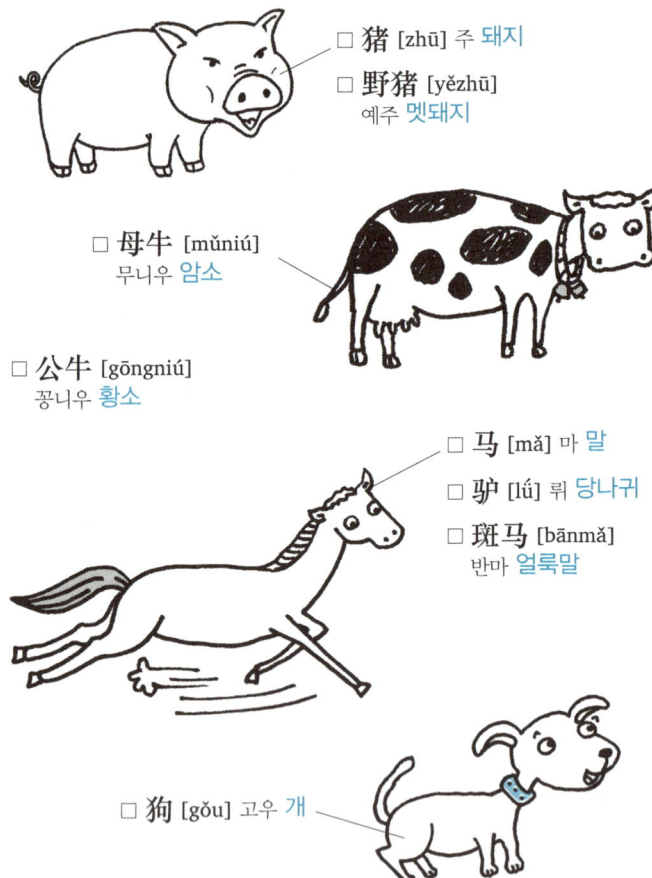

□ 猪 [zhū] 주 돼지

□ 野猪 [yězhū]
예주 멧돼지

□ 母牛 [mǔniú]
무니우 암소

□ 公牛 [gōngniú]
꽁니우 황소

□ 马 [mǎ] 마 말

□ 驴 [lǘ] 뤼 당나귀

□ 斑马 [bānmǎ]
반마 얼룩말

□ 狗 [gǒu] 고우 개

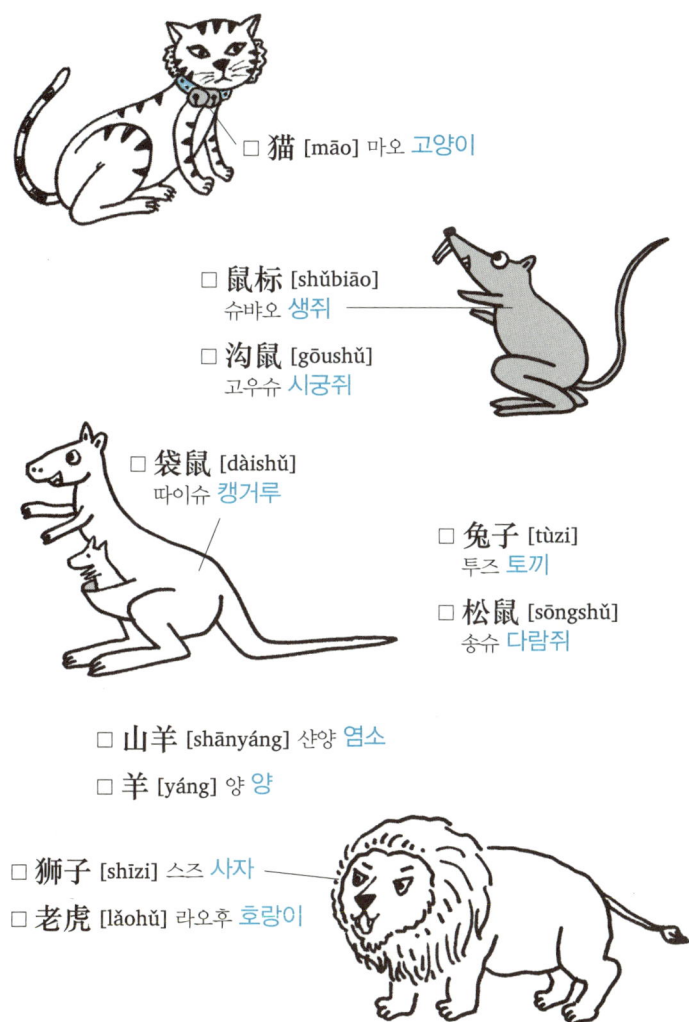

□ 猫 [māo] 마오 고양이

□ 鼠标 [shǔbiāo]
　슈뱌오 생쥐
□ 沟鼠 [gōushǔ]
　고우슈 시궁쥐

□ 袋鼠 [dàishǔ]
　따이슈 캥거루

□ 兔子 [tùzi]
　투즈 토끼
□ 松鼠 [sōngshǔ]
　송슈 다람쥐

□ 山羊 [shānyáng] 샨양 염소
□ 羊 [yáng] 양 양

□ 狮子 [shīzi] 스즈 사자
□ 老虎 [lǎohǔ] 라오후 호랑이

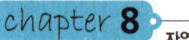

□ 狼 [láng] 랑 늑대

□ 鬣狗 [liègǒu]
리에고우 하이에나

□ 狐狸 [húli]
후리 여우

□ 鹿 [lù]
루 사슴

□ 浣熊 [huànxióng] 환숑
너구리

□ 熊 [xióng] 숑 곰

□ 大象 [dàxiàng]
따샹 코끼리

□ 豹子 [bàozi]
바오즈 표범

□ 熊猫 [xióngmāo]
숑마오 판다

□ 黑猩猩 [hēixīngxīng]
헤이싱싱 침팬지

□ 猴子 [hóuzi]
호우즈 원숭이

□ 大猩猩 [dàxīngxīng]
따싱싱 고릴라

□ 骆驼 [luòtuo] 루오투오 낙타

□ 考拉 [kǎolā] 카오라 코알라

□ 臭鼬 [chòuyòu] 초우요우 스컹크

□ 长颈鹿 [chángjǐnglù]
창징루 기린

□ 美洲短吻鳄 [měizhōuduǎnwěnè] 메이조우두안원어 미국악어

□ 非洲鳄鱼 [fēizhōuèyú] 페이조우어위 아프리카악어

□ 青蛙 [qīngwā] 칭와 개구리

□ 恐龙 [kǒnglóng] 콩롱 공룡

□ 河马 [hémǎ] 허마 하마

□ 犀牛 [xīniú] 시니우 코뿔소

□ 蛇 [shé] 셔 뱀

□ 蜥蜴 [xīyì] 시이 도마뱀

□ 眼镜蛇 [yǎnjìngshé] 옌징셔 코브라

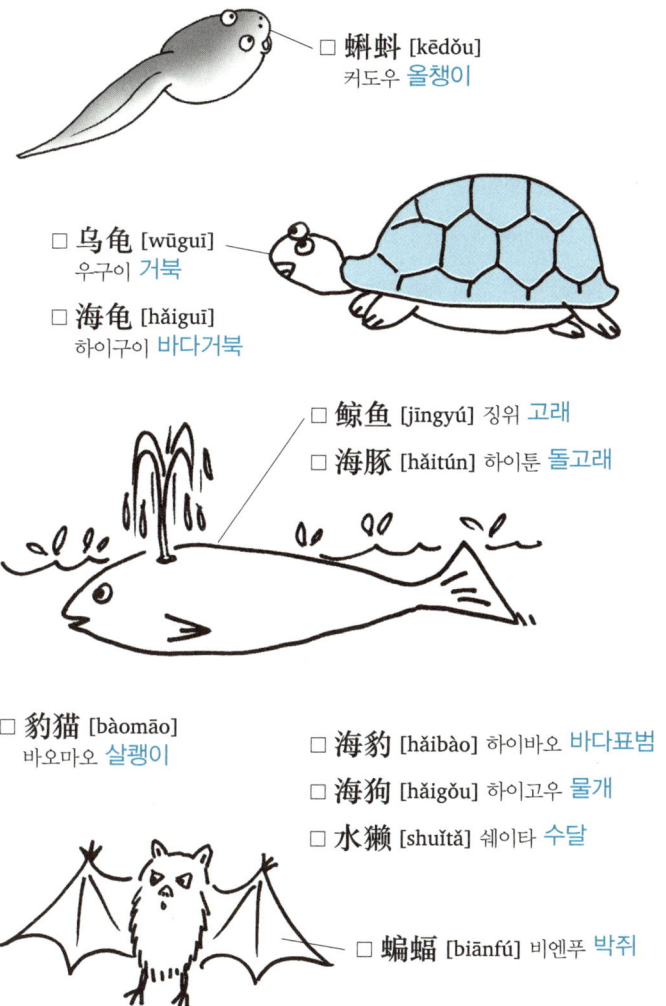

□ **蝌蚪** [kēdǒu]
커도우 올챙이

□ **乌龟** [wūguī]
우구이 거북

□ **海龟** [hǎiguī]
하이구이 바다거북

□ **鲸鱼** [jīngyú] 징위 고래

□ **海豚** [hǎitún] 하이툰 돌고래

□ **豹猫** [bàomāo]
바오마오 살쾡이

□ **海豹** [hǎibào] 하이바오 바다표범

□ **海狗** [hǎigǒu] 하이고우 물개

□ **水獭** [shuǐtǎ] 쉐이타 수달

□ **蝙蝠** [biānfú] 비엔푸 박쥐

347

〈관련어〉

☐ **宠物** [chǒngwù] 총우 애완동물

☐ **羔羊** [gāoyáng] 까오양 어린양

☐ **肉猪** [ròuzhū] 로우주 식용돼지

☐ **猪** [zhū] 주 돼지

☐ **雄鹿** [xiónglù] 숑루 수사슴

☐ **母鹿** [mǔlù] 무루 암사슴

☐ **食蚁兽** [shíyǐshòu] 스이쇼우 개미핥기

☐ **黑熊** [hēixióng] 헤이숑 흑곰

☐ **白熊** [báixióng] 바이숑 북극곰

☐ **母狗** [mǔgǒu] 무고우 암캐

☐ **猎犬** [lièquǎn] 리에취엔 사냥개

□ **野狗** [yěgǒu] 예고우 들개

□ **小狗** [xiǎogǒu] 샤오고우 강아지

□ **仓鼠** [cāngshǔ] 창슈 햄스터

□ **驼峰** [tuófēng] 투오펑 낙타의 혹

□ **鬃毛** [zōngmáo] 종마오 갈기

□ **条纹** [tiáowén] 탸오원 줄무늬

□ **须子** [xūzi] 쉬즈 수염

□ **象牙** [xiàngyá] 샹야 상아

□ **爪** [zhǎo] 쟈오 발톱

□ **角** [jiǎo] 쟈오 뿔

□ **尾巴** [wěiba] 웨이바 꼬리

□ **蹄** [tí] 티 발굽

349

2 식물(植物)

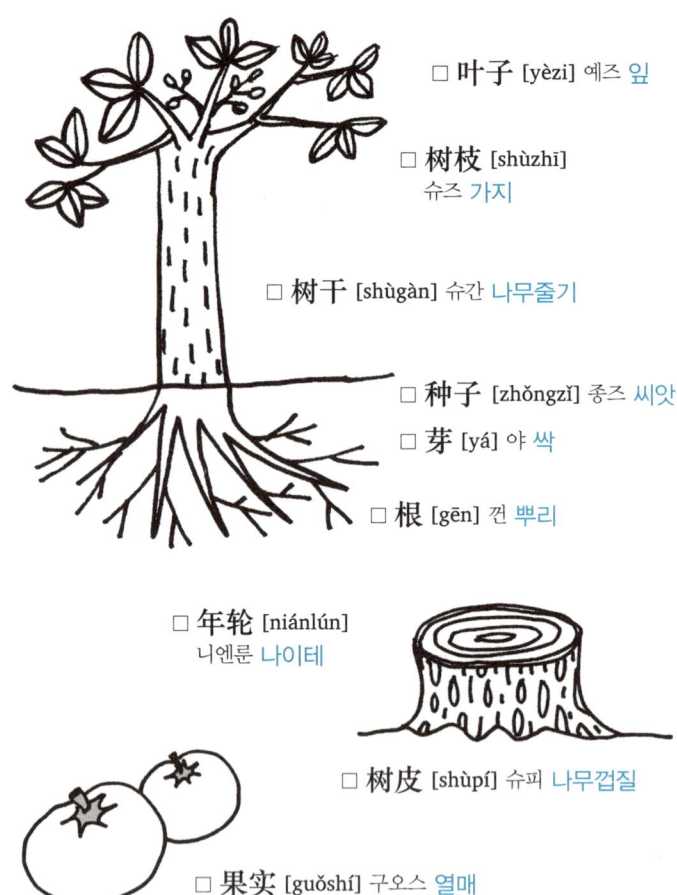

□ 叶子 [yèzi] 예즈 잎

□ 树枝 [shùzhī] 슈즈 가지

□ 树干 [shùgàn] 슈간 나무줄기

□ 种子 [zhǒngzǐ] 종즈 씨앗

□ 芽 [yá] 야 싹

□ 根 [gēn] 껀 뿌리

□ 年轮 [niánlún] 니엔룬 나이테

□ 树皮 [shùpí] 슈피 나무껍질

□ 果实 [guǒshí] 구오스 열매

□ 松树 [sōngshù] 송슈 소나무

□ 枫树 [fēngshù] 펑슈 단풍나무

□ 青冈 [qīnggāng] 칭강 떡갈나무

□ 栗子树 [lìzishù]
리즈슈 밤나무

□ 银杏
[yínxìng] 인싱
은행나무

□ 榆树 [yúshù] 유슈
느릅나무

□ 柳树 [liǔshù] 리우슈 버드나무

□ 樱花 [yīnghuā] 잉화 벚나무

□ 悬铃木 [xuánlíngmù]
쉬엔링무 플라타너스

□ 竹 [zhú]
주 대나무

□ 桑树 [sāngshù] 상슈 뽕나무

□ 玉兰 [yùlán] 위란 목련

□ 柳杉 [liǔshān] 리우샨 삼나무

□ 椰子 [yēzi]
예즈 야자

□ 花瓣 [huābàn]
화반 꽃잎

□ 花粉 [huāfěn]
화펀 꽃가루

□ 干 [gàn] 깐 줄기

□ 花 [huā] 화 꽃

□ 杨树 [yángshù] 양슈
포플러

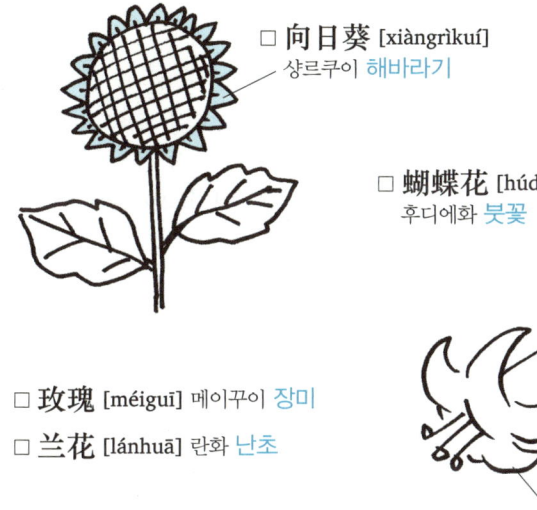

□ 向日葵 [xiàngrìkuí]
샹르쿠이 해바라기

□ 蝴蝶花 [húdiéhuā]
후디에화 붓꽃

□ 玫瑰 [méiguī] 메이꾸이 장미
□ 兰花 [lánhuā] 란화 난초

□ 百合 [bǎihé]
바이허 백합

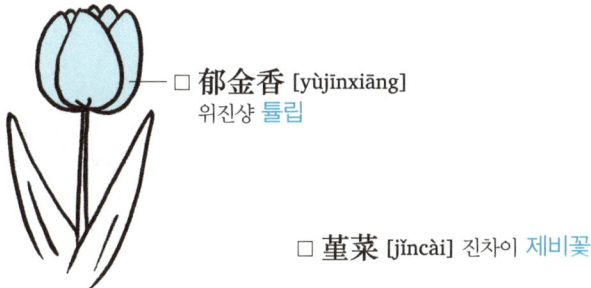

□ 郁金香 [yùjīnxiāng]
위진샹 튤립

□ 堇菜 [jǐncài] 진차이 제비꽃

□ 常春藤 [chángchūnténg] 창춘텅 담쟁이덩굴

353

□ 蒲公英 [púgōngyīng]
푸공잉 민들레

□ 满天星 [mǎntiānxīng]
만티엔싱 안개꽃

□ 映山红 [yìngshānhóng]
잉샨홍 진달래

□ 莲花 [liánhuā]
리엔화 연꽃

□ 水仙 [shuǐxiān]
쉐이시엔 수선화

□ 喇叭花 [lǎbāhuā]
라빠화 나팔꽃

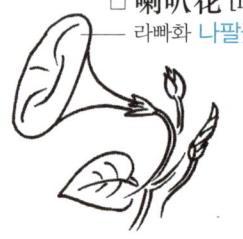

□ 康乃馨 [kāngnǎixīn]
캉나이신 카네이션

□ 波斯菊 [bōsījú]
보스쥐 코스모스

□ 菊花 [júhuā] 쥐화 국화

□ 茉莉花 [mòlìhuā]
모리화 재스민

□ 迎春花 [yíngchūnhuā]
잉춘화 개나리

□ 仙人掌
[xiānrénzhǎng]
시엔런쟝 선인장

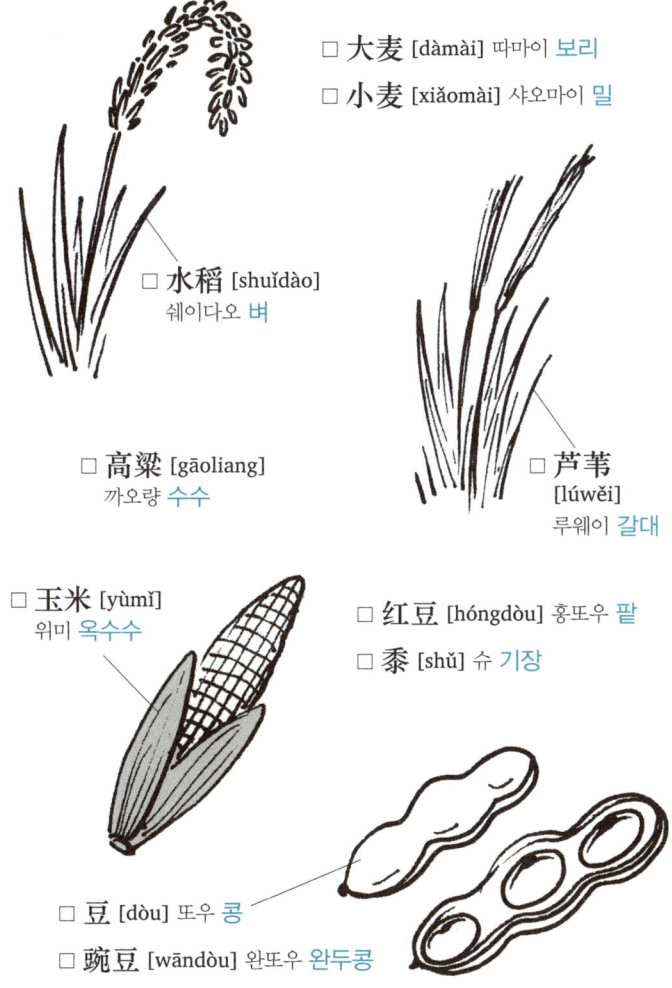

□ 大麦 [dàmài] 따마이 보리

□ 小麦 [xiǎomài] 샤오마이 밀

□ 水稻 [shuǐdào] 쉐이다오 벼

□ 高粱 [gāoliang] 까오량 수수

□ 芦苇 [lúwěi] 루웨이 갈대

□ 玉米 [yùmǐ] 위미 옥수수

□ 红豆 [hóngdòu] 훙또우 팥

□ 黍 [shǔ] 슈 기장

□ 豆 [dòu] 또우 콩

□ 豌豆 [wāndòu] 완또우 완두콩

〈관련어〉

□ 牡丹 [mǔdān] 무단 모란

□ 杏 [xìng] 싱 살구

□ 橡胶树 [xiàngjiāoshù] 샹쟈오슈 고무나무

□ 棉花 [miánhua] 미엔화 목화

□ 灌木 [guànmù] 꽌무 덤불

□ 播种 [bōzhòng] 보종 파종

□ 落叶 [luòyè] 루오예 낙엽

□ 杂草 [zácǎo] 자차오 잡초

□ 烟草 [yāncǎo] 옌차오 담배

□ 花 [huā] 화 꽃

□ 插花 [chāhuā] 차화 꽃꽂이

□ 花展 [huāzhǎn] 화잔 화초 품평회

□ 蕨菜 [juécài] 주에차이 고사리

□ 薇 [wēi] 웨이 고비

□ 苔藓 [táixiǎn] 타이시엔 이끼

□ 小花 [xiǎohuā] 샤오화 작은 꽃

□ 花盆 [huāpén] 화펀 화분

□ 花圃 [huāpǔ] 화푸 꽃밭

3 새(鸟)

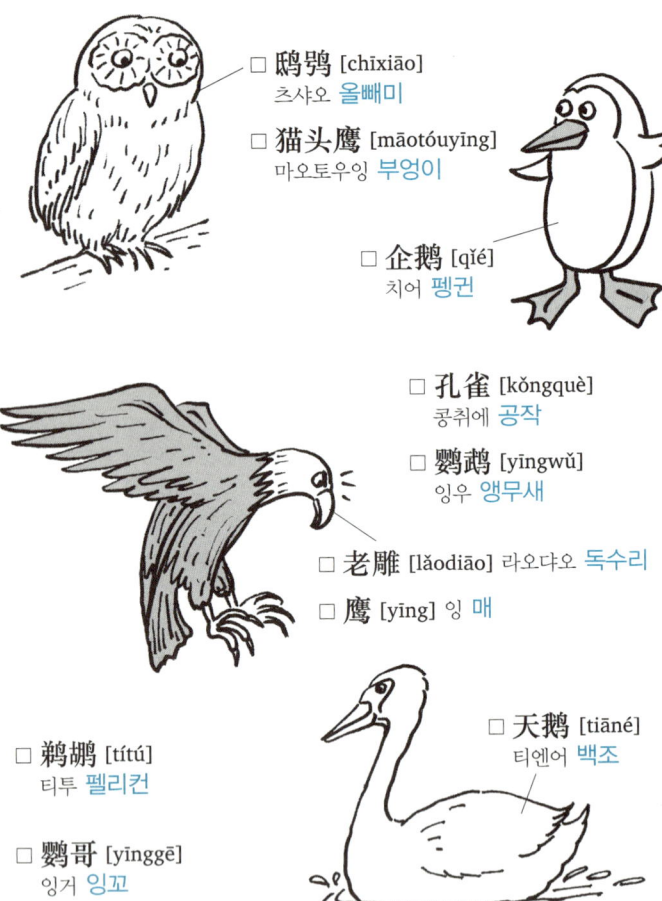

□ 鸱鸮 [chīxiāo]
츠샤오 올빼미

□ 猫头鹰 [māotóuyīng]
마오토우잉 부엉이

□ 企鹅 [qǐé]
치어 펭귄

□ 孔雀 [kǒngquè]
콩취에 공작

□ 鹦鹉 [yīngwǔ]
잉우 앵무새

□ 老雕 [lǎodiāo] 라오댜오 독수리

□ 鹰 [yīng] 잉 매

□ 鹈鹕 [títú]
티투 펠리컨

□ 鹦哥 [yīnggē]
잉거 잉꼬

□ 天鹅 [tiāné]
티엔어 백조

□ 鸽子 [gēzi]
거즈 비둘기

□ 乌鸦 [wūyā]
우야 까마귀

□ 喜鹊 [xǐque]
시취에 까치

□ 母鸡 [mǔjī] 무지 암탉
□ 公鸡 [gōngjī] 공지 수탉

□ 鸭子 [yāzi] 야즈 오리

□ 鹅 [é] 어 거위

□ 雁 [yàn]
옌 기러기

□ 鹌鹑 [ānchún] 안춘 메추라기

□ 啄木鸟 [zhuómùniǎo]
주오무냐오 딱따구리

□ 燕子 [yànzi]
옌즈 제비

□ 麻雀 [máquè]
마취에 참새

□ 野鸡 [yějī]
예지 꿩

□ 云雀 [yúnquè]
윈취에 종달새

□ 仙鹤 [xiānhè] 시엔허 학

□ 海鸥 [hǎi'ōu] 하이오우 갈매기

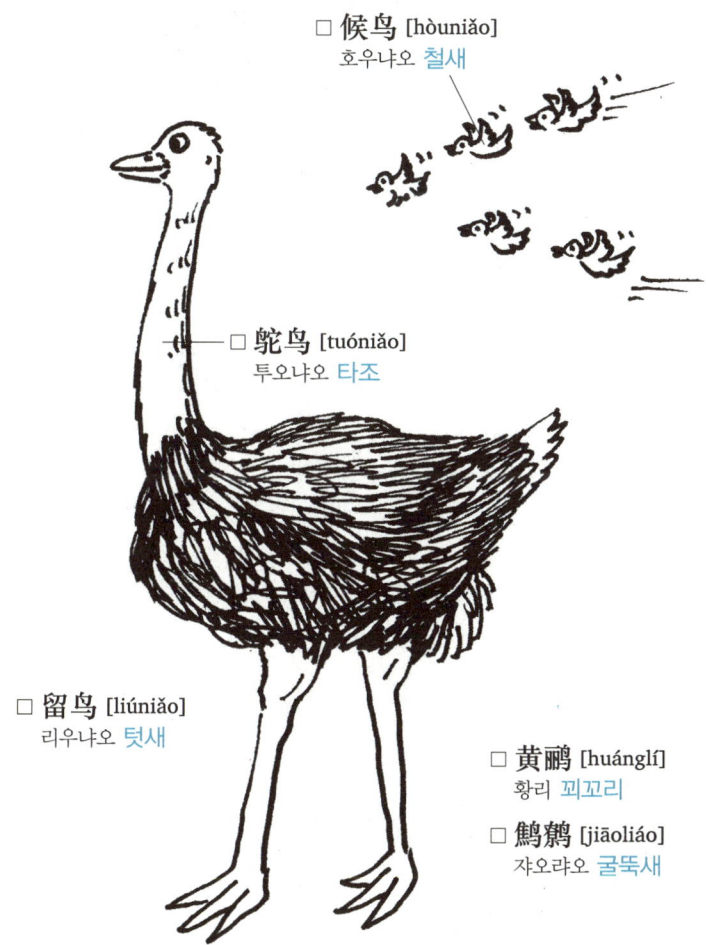

□ 候鸟 [hòuniǎo]
호우냐오 철새

□ 鸵鸟 [tuóniǎo]
투오냐오 타조

□ 留鸟 [liúniǎo]
리우냐오 텃새

□ 黄鹂 [huánglí]
황리 꾀꼬리

□ 鷦鷯 [jiāoliáo]
쟈오랴오 굴뚝새

〈관련어〉

☐ **羽毛** [yǔmáo] 위마오 깃털

☐ **羽毛围巾** [yǔmáowéijīn] 위마오웨이진 깃털목도리

☐ **羽毛床** [yǔmáochuáng] 위마오촹 깃털침대

☐ **鸟嘴** [niǎozuǐ] 냐오주이 부리

☐ **夜莺** [yèyīng] 예잉 나이팅게일

☐ **家禽** [jiāqín] 쟈친 가금

☐ **鸟笼** [niǎolóng] 냐오롱 새장

☐ **鸟巢** [niǎocháo] 냐오차오 둥지

☐ **翅膀** [chìbǎng] 츠방 날개

□ 孵化 [fūhuà] 푸화 부화하다

□ 凤凰 [fènghuáng] 펑황 불사조

□ 鸟的鸣叫 [niǎodemíngjiào] 냐오더밍쟈오 새 울음소리

□ 鸟商 [niǎoshāng] 냐오샹 새장수

□ 小鸟 [xiǎoniǎo] 샤오냐오 작은 새

□ 捕鸟 [bǔniǎo] 뿌냐오 새잡기

□ 鸟类学家 [niǎolèixuéjiā] 냐오레이슈에쟈 조류 연구가

□ 鸟类保护区 [niǎolèibǎohùqū] 냐오레이바오후취 조류 보호지역

□ 鸟食 [niǎoshí] 냐오스 새 모이

□ 观鸟 [guānniǎo] 꽌냐오 들새 관찰

④ 곤충(昆虫)

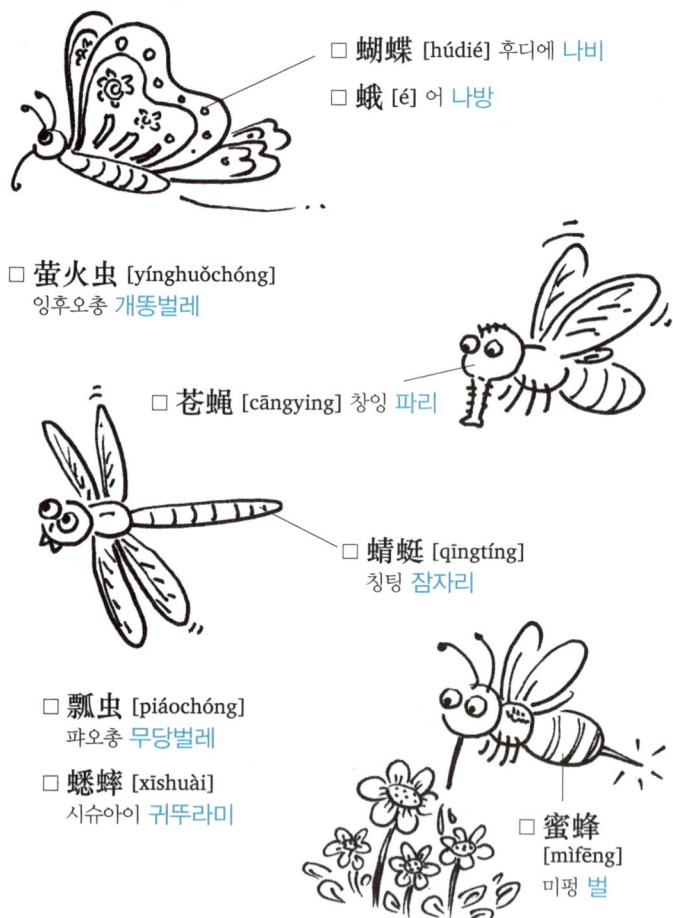

□ **蝴蝶** [húdié] 후디에 나비
□ **蛾** [é] 어 나방

□ **萤火虫** [yínghuǒchóng]
잉후오총 개똥벌레

□ **苍蝇** [cāngying] 창잉 파리

□ **蜻蜓** [qīngtíng]
칭팅 잠자리

□ **瓢虫** [piáochóng]
퍄오총 무당벌레
□ **蟋蟀** [xīshuài]
시슈아이 귀뚜라미

□ **蜜蜂**
[mìfēng]
미펑 벌

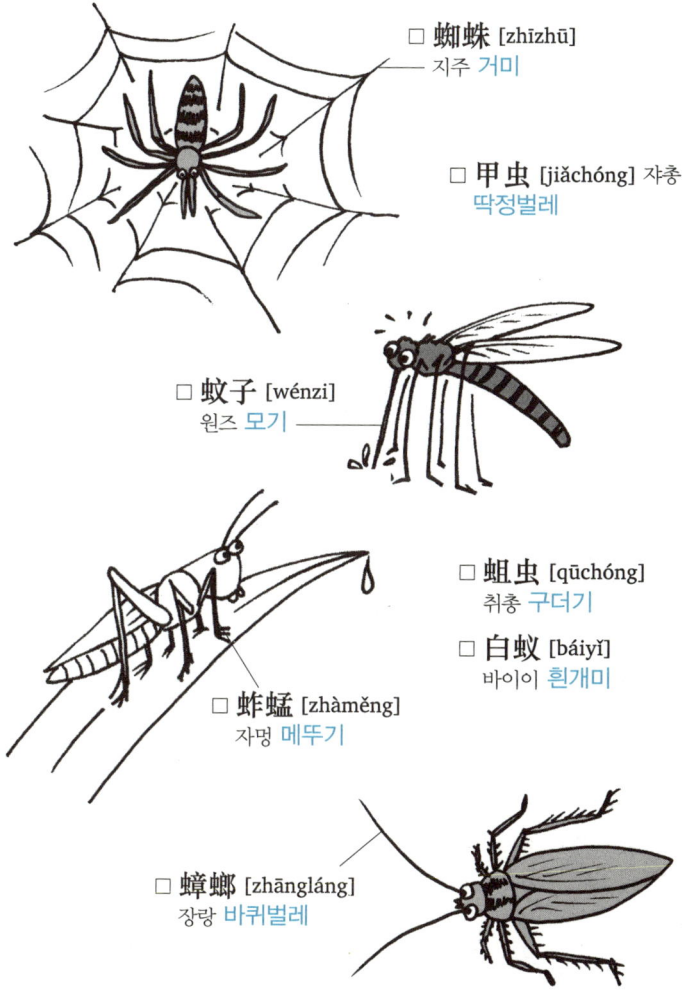

□ 蜘蛛 [zhīzhū]
지주 거미

□ 甲虫 [jiǎchóng] 쟈총
딱정벌레

□ 蚊子 [wénzi]
원즈 모기

□ 蛆虫 [qūchóng]
취총 구더기

□ 白蚁 [báiyǐ]
바이이 흰개미

□ 蚱蜢 [zhàměng]
자멍 메뚜기

□ 蟑螂 [zhāngláng]
장랑 바퀴벌레

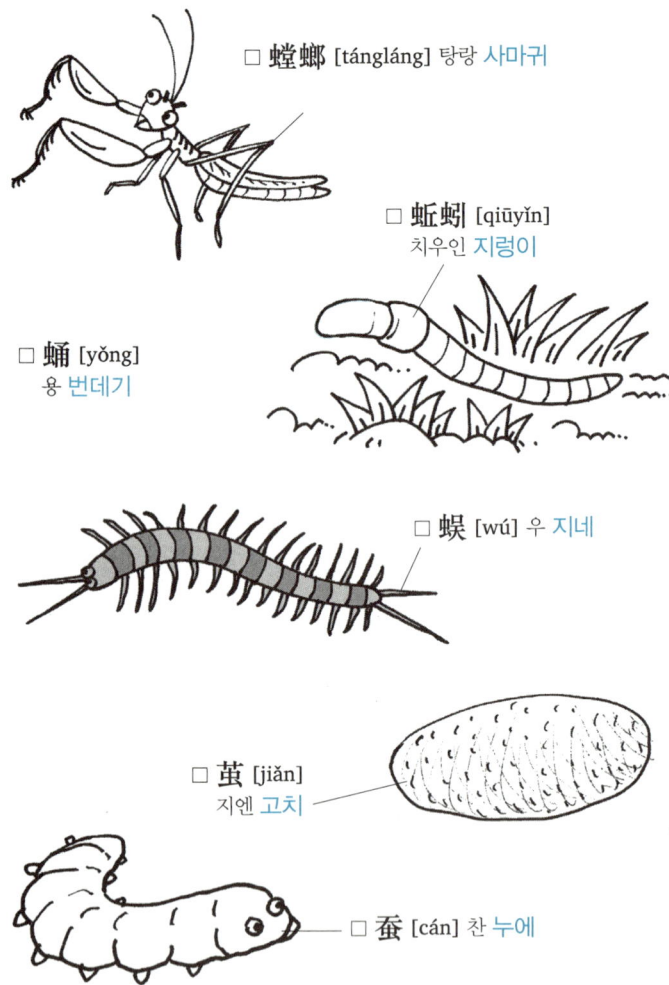

□ 螳螂 [tángláng] 탕랑 사마귀

□ 蚯蚓 [qiūyǐn]
치우인 지렁이

□ 蛹 [yǒng]
용 번데기

□ 蜈 [wú] 우 지네

□ 茧 [jiǎn]
지엔 고치

□ 蚕 [cán] 찬 누에

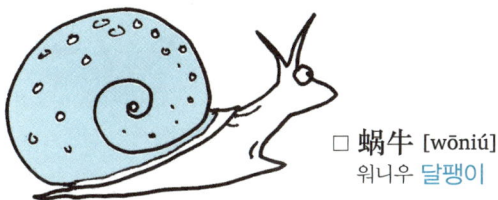

□ **蜗牛** [wōniú]
워니우 달팽이

□ **幼虫** [yòuchóng] 요우총 유충
□ **臭虫** [chòuchóng] 초우총 빈대

□ **蝎子** [xiēzi]
시에즈 전갈

□ **跳蚤** [tiàozǎo] 탸오자오 벼룩
□ **蚂蚁** [mǎyǐ] 마이 개미

〈관련어〉

□ 黄蜂 [huángfēng] 황펑 말벌

□ 鼻涕虫 [bítìchóng] 비티총 민달팽이

□ 蜘蛛网 [zhīzhūwǎng] 지주왕 거미줄

□ 昆虫饲养所 [kūnchóngsìyǎngsuǒ] 쿤총스양수오 곤충 번식장

□ 杀虫剂 [shāchóngjì] 샤총지 살충제

□ 害虫 [hàichóng] 하이총 해충

□ 驱虫剂 [qūchóngjì] 취총지 구충제

□ 食虫动物 [shíchóngdòngwù] 스총똥우 식충 동물

□ 昆虫学 [kūnchóngxué] 쿤총슈에 곤충학

- 昆虫学者 [kūnchóngxuézhě] 쿤총슈에저 곤충학자
- 采集昆虫 [cǎijíkūnchóng] 차이지쿤총 곤충채집
- 昆虫类 [kūnchónglèi] 쿤총레이 곤충류
- 绿豆蝇 [lǜdòuyíng] 뤼또우잉 쉬파리
- 幼虫 [yòuchóng] 요우총 애벌레

- 触角 [chùjiǎo] 추쟈오 더듬이
- 头部 [tóubù] 토우뿌 머리
- 胸部 [xiōngbù] 숑뿌 가슴
- 腹部 [fùbù] 푸뿌 배
- 刺 [cì] 츠 침

5 계절과 날씨(季节和天气)

□ 春天 [chūntiān] 춘티엔 봄

□ 夏天 [xiàtiān] 샤티엔 여름

□ 秋天 [qiūtiān] 치우티엔 가을

□ 季风 [jìfēng]
지펑 계절풍

□ 冬天 [dōngtiān]
똥티엔 겨울

□ **气候** [qìhòu] 치호우 기후

□ **温度** [wēndù] 원두 온도

□ **温度计**
[wēndùjì] 원두지
온도계

□ **度** [dù] 두 (온도)도

□ **华氏** [huáshì] 화스 화씨

□ **摄氏** [shèshì] 셔스 섭씨

□ **天气预报** [tiānqìyùbào] 티엔치위빠오 일기예보

□ **警告** [jǐnggào] 징까오 경고

□ 警报 [jǐngbào] 징빠오 경보
□ 风速 [fēngsù] 펑수 풍속

□ 冷锋 [lěngfēng] 렁펑 한랭전선
□ 暖锋 [nuǎnfēng] 누안펑 온난전선

□ 云 [yún] 윈 구름

□ 自然灾害 [zìránzāihài]
쯔란자이하이 자연재해

□ 高气压 [gāoqìyā] 까오치야 고기압
□ 低气压 [dīqìyā] 디치야 저기압

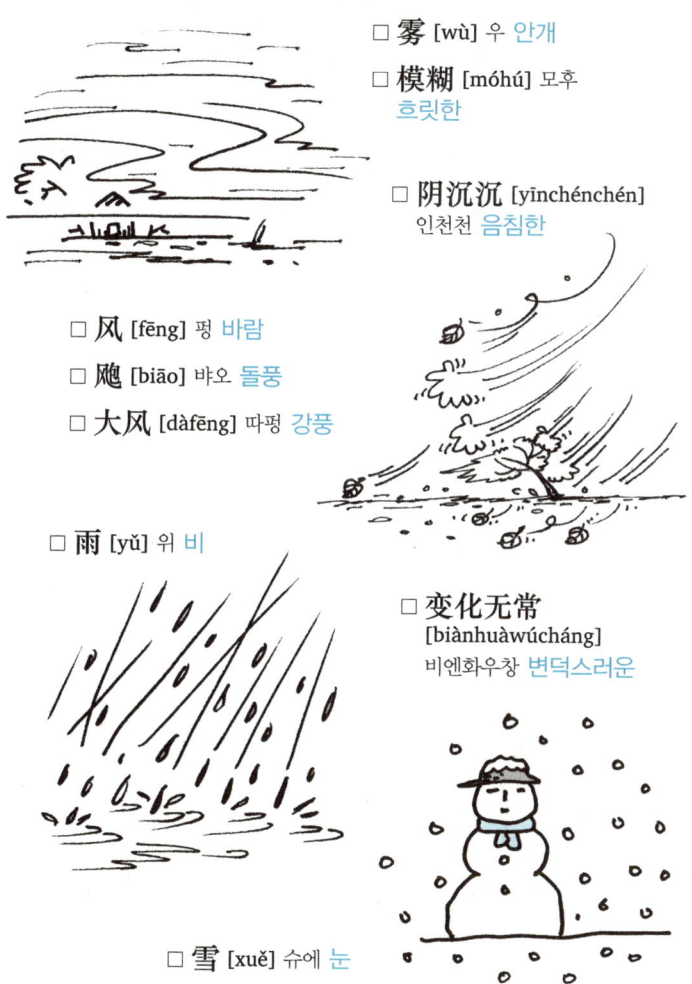

- 雾 [wù] 우 안개
- 模糊 [móhú] 모후 흐릿한
- 阴沉沉 [yīnchénchén] 인천천 음침한
- 风 [fēng] 펑 바람
- 飑 [biāo] 뱌오 돌풍
- 大风 [dàfēng] 따펑 강풍
- 雨 [yǔ] 위 비
- 变化无常 [biànhuàwúcháng] 비엔화우창 변덕스러운
- 雪 [xuě] 슈에 눈

373

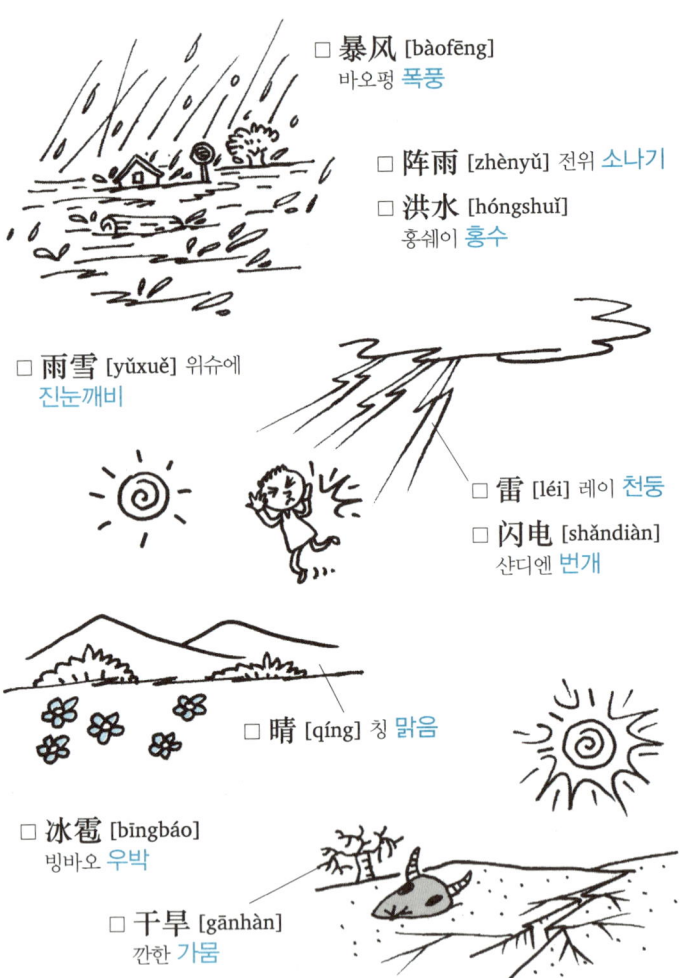

□ 暴风 [bàofēng]
바오펑 폭풍

□ 阵雨 [zhènyǔ] 전위 소나기

□ 洪水 [hóngshuǐ]
홍쉐이 홍수

□ 雨雪 [yǔxuě] 위슈에
진눈깨비

□ 雷 [léi] 레이 천둥

□ 闪电 [shǎndiàn]
샨디엔 번개

□ 晴 [qíng] 칭 맑음

□ 冰雹 [bīngbáo]
빙바오 우박

□ 干旱 [gānhàn]
깐한 가뭄

☐ **温暖** [wēnnuǎn] 원누안 따뜻한

☐ **温和** [wēnhé] 원허 온화한

☐ **闷热** [mēnrè] 먼러 무더운

☐ **酷热** [kùrè] 쿠러 매우 뜨거운

☐ **冷** [lěng] 렁 차가운

☐ **湿润** [shīrùn] 스룬 습기있는

☐ **地震** [dìzhèn] 디전 지진

375

□ 台风 [táifēng]
타이펑 태풍

□ 飓风 [jùfēng]
쥐펑 폭풍

□ 龙卷风 [lóngjuǎnfēng]
롱쥐엔펑 토네이도

□ 霜 [shuāng] 슈앙 서리

□ 热 [rè]
러 더위

□ 大雨 [dàyǔ]
따위 호우

□ **结冰** [jiébīng] 지에빙 결빙

□ **风雪** [fēngxuě] 펑슈에 눈보라

□ **暴风雪** [bàofēngxuě]
바오펑슈에 강한 눈보라

□ **毛毛雨** [máomaoyǔ] 마오마오위 이슬비

〈관련어〉

□ 冰 [bīng] 삥 얼음

□ 冰柱 [bīngzhù] 삥주 고드름

□ 阳光 [yángguāng] 양광 양지바른

□ 烟雾 [yānwù] 옌우 안개

□ 小雨 [xiǎoyǔ] 샤오위 가랑비

□ 滑坡 [huápō] 화포 산사태

□ 雪崩 [xuěbēng] 슈에뻥 눈사태

□ 火山 [huǒshān] 후오샨 화산

□ 海啸 [hǎixiào] 하이샤오 해일

□ 寒流 [hánliú] 한리우 한파

□ **水波** [shuǐbō] 쉐이뽀 잔물결

□ **湿润** [shīrùn] 스룬 습기있는

□ **多云** [duōyún] 뚜오윈 흐린

□ **气象台** [qìxiàngtái] 치샹타이 기상대

□ **寒带** [hándài] 한따이 한대

□ **亚寒带** [yàhándài] 야한따이 냉대

□ **温带** [wēndài] 원따이 온대

□ **热带气候** [rèdàiqìhòu] 러따이치호우 열대성 기후

□ **亚热带气候** [yàrèdàiqìhòu] 야러따이치호우 아열대성 기후

□ **暴风** [bàofēng] 빠오펑 돌풍

□ **大陆性气候** [dàlùxìngqìhòu] 따루싱치호우 대륙성기후

□ **泛滥** [fànlàn] 판란 범람

□ **大灾难** [dàzāinàn] 따짜이난 큰재해

□ **灾害** [zāihài] 짜이하이 재해

PART 4.

밤
(夜)

chapter 1 음식점(餐厅)

□ 预订 [yùdìng] 위띵 예약

□ 推荐菜 [tuījiàncài] 투이지엔차이 (요리를)추천하다

□ 小吃店 [xiǎochīdiàn] 샤오츠디엔 간이식당

□ 快餐店 [kuàicāndiàn] 콰이찬디엔 패스트푸드점

□ 豪华餐厅 [háohuácāntīng] 하오화찬팅 호화 음식점

□ 街头咖啡馆 [jiētóukāfēiguǎn] 지에토우카페이관 노상다방

□ **茶馆** [cháguǎn] 차관 다방

□ **自助餐馆** [zìzhùcānguǎn]
쯔주찬관 카페테리아

□ **女服务员** [nǚfúwùyuán]
뉘푸우위엔 웨이트리스

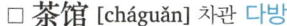

□ **男服务员** [nánfúwùyuán]
난푸우위엔 웨이터

□ **菜单** [càidān] 차이딴 메뉴

□ **点菜** [diǎncài] 디엔차이 주문

□ **续订** [xùdìng] 쉬딩 추가주문

383

□ **小酒馆** [xiǎojiǔguǎn]
샤오지우관 선술집

□ **酒吧** [jiǔbā] 지우빠 바, 술집

□ **肉汤** [ròutāng]
로우탕 고기국물

□ **开胃菜**
[kāiwèicài]
카이웨이차이 전채

□ **汤类** [tānglèi] 탕레이 스프

□ **沙拉** [shālā] 샤라 샐러드

□ **意大利面** [yìdàlìmiàn]
이다리미엔 파스타

□ **牛排**
[niúpái] 니우파이
비프스테이크

□ **半熟的** [bànshúde] 빤슈더 레어

□ **中等熟度的** [zhōngděngshúdùde] 종덩슈두더 미디엄

□ **熟透的** [shútòude] 슈토우더 웰던

□ **辣根酱** [làgēnjiàng]
라껀쟝 양고추냉이 소스

□ **营养** [yíngyǎng] 잉양 영양

□ **素食者** [sùshízhě]
수스저 채식주의자

□ **味道** [wèidào] 웨이다오 맛
□ **美味** [měiwèi] 메이웨이 맛있는

□ **酸** [suān] 쑤안 신
□ **香喷喷** [xiāngpēnpēn]
샹펀펀 향긋한

□ **咸** [xián] 시엔 짠
□ **苦** [kǔ] 쿠 쓴

□ **口感细腻** [kǒugǎnxìnì]
코우깐시니 (맛이)부드러운

□ 咖喱饭 gālífàn]
까리판 카레라이스

□ 大菜 [dàcài] 따차이 주요요리

□ 支付 [zhīfù] 즈푸 지불

□ 账单 [zhàngdān] 장딴 계산서

□ 小费
[xiǎofèi]
샤오페이
팁, 사례

□ 再填 [zàitián]
짜이티엔 리필

□ 甜品 [tiánpǐn]
티엔핀 후식, 디저트

〈관련어〉

□ **美食法** [měishífǎ] 메이스파 미식법

□ **厨师** [chúshī] 추스 요리사

□ **厨师长** [chúshīzhǎng] 추스장 주방장

□ **师傅** [shifu] 스푸 요리사

□ **烹饪法** [pēngrènfǎ] 펑런파 조리법

□ **大肚子** [dàdùzi] 따두즈 대식가

□ **食谱** [shípǔ:] 스푸 식단

□ **便餐** [biàncān] 비엔찬 가벼운 식사

□ **饱餐** [bǎocān] 바오찬 충분한 식사

□ **一日三餐** [yīrìsāncān] 이르싼찬 하루 세끼 식사

□ **鱼肉餐** [yúròucān] 위로우찬 생선요리

□ **肉类菜肴** [ròulèicàiyáo] 로우레이차이야오 고기요리

□ **晚餐** [wǎncān] 완찬 정찬

□ **午餐** [wǔcān] 우찬 오찬

□ **一品料理** [yìpǐnliàolǐ] 이핀랴오리 일품요리

□ 菜 [cài] 차이 요리

□ 冷菜 [lěngcài] 렁차이 차게 한 요리

□ 美味佳肴 [měiwèijiāyáo] 메이웨이쟈야오 맛있는 요리

□ 爱吃的菜 [àichīdecài] 아이츠더차이 좋아하는 요리

□ 一道肉菜 [yídàoròucài] 이다오로우차이
고기요리 한 접시

□ 经常吃的菜 [jīngchángchīdecài]
징창츠더차이 늘 먹는 요리

☐ 菜肴 [càiyáo] 차이야오 반찬

☐ 粥 [zhōu] 조우 죽

☐ 一份 [yífèn] 이펀 일인분

☐ 红葡萄酒 [hóngpútáojiǔ] 홍푸타오지우 적포도주

☐ 雪利酒 [xuělìjiǔ] 슈에리지우 셰리주

chapter 2 술(酒精)

□ 调酒师 [tiáojiǔshī]
탸오지우스 바텐더

□ 祝酒 [zhùjiǔ]
주지우 건배

□ 不醉
[bùzuì] 부쭈이
술취하지 않은

□ 头晕 [tóuyūn] 토우윈
현기증나는

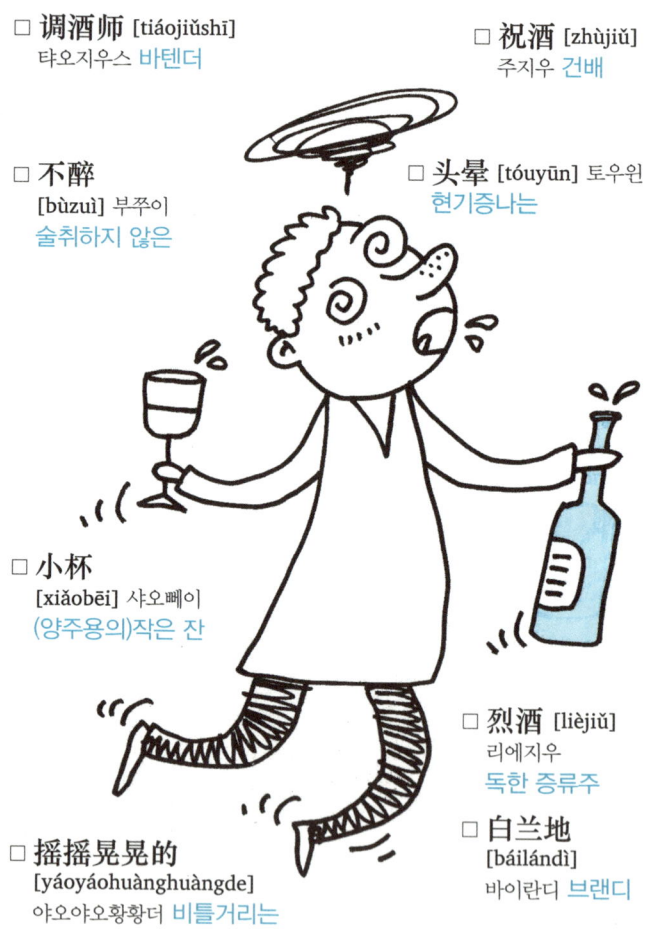

□ 小杯
[xiǎobēi] 샤오뻬이
(양주용의)작은 잔

□ 烈酒 [lièjiǔ]
리에지우
독한 증류주

□ 白兰地
[báilándì]
바이란디 브랜디

□ 摇摇晃晃的
[yáoyáohuànghuàngde]
야오야오황황더 비틀거리는

□ 兰姆酒 [lánmǔjiǔ] 란무지우 럼주

□ 伏特加酒 [fútèjiājiǔ] 푸터쟈지우 보드카

□ 葡萄酒 [pútáojiǔ] 푸타오지우 포도주

□ 红葡萄酒 [hóngpútáojiǔ]
홍푸타오지우 적포도주

□ 白葡萄酒 [báipútáojiǔ]
바이푸타오지우 백포도주

□ 啤酒 [píjiǔ] 피지우 맥주

□ 扎啤 [zhāpí] 쟈피 생맥주

□ 水壶 [shuǐhú] 쉐이후 물주전자

□ 玻璃瓶 [bōlipíng] 뽀리핑 유리병

   □ 常客 [chángkè] 창커 단골손님

   □ **北欧式的正餐前小菜** [běi'ōushìdezhèngcānqiánxiǎocài]
   베이오우스더정찬치엔샤오차이 (스칸디나비아식의)전채

      □ 苏打 [sūdǎ] 수다 소다수

      □ 鸡尾酒 [jīwěijiǔ] 지웨이지우 칵테일

□ 一行 [yìxíng]
이싱 일행

□ 椒盐脆饼 [jiāoyáncuìbǐng] 쟈오옌추이빙 프렛즐
□ 牙签 [yáqiān] 야치엔 이쑤시개

　□ 酒徒 [jiǔtú] 지우투 술꾼
　□ 宿醉 [sùzuì] 수쭈이 숙취

□ 碳酸琴酒
[tànsuānqínjiǔ]
탄수안친지우 진토닉

□ 香槟酒
[xiāngbīnjiǔ]
샹빈지우 샴페인

〈관련어〉

□ **黑啤酒** [hēipíjiǔ] 헤이피지우 흑맥주

□ **酒类** [jiǔlèi] 지우레이 주류

□ **酒品店** [jiǔpǐndiàn] 지우핀디엔 주류 판매점

□ **白酒销售** [báijiǔxiāoshòu] 바이지우샤오쇼우 주류 판매

□ **蒸馏酒** [zhēngliújiǔ] 정리우지우 증류주

□ **葡萄酒** [pútáojiǔ] 푸타오지우 포도주

□ **清凉饮料** [qīngliángyǐnliào] 칭량인랴오 청량 음료

□ **酒类** [jiǔlèi] 지우레이 주류

□ **酒缸** [jiǔgāng] 지우깡 술고래

□ **酒鬼** [jiǔguǐ] 지우꾸이 대주객

□ **葡萄酒瓶** [pútáojiǔpíng] 푸타오지우핑 포도주 병

□ 葡萄酒杯 [pútáojiǔbēi] 푸타오지우뻬이 포도주 잔

□ 酒杯 [iǔbēi] 지우뻬이 술잔

□ 酒屋 [jiǔwū] 지우우 술집

□ 正统葡萄酒 [zhèngtǒngpútáojiǔ]
정통푸타오지우 질 좋은 포도주

□ 饮料 [yǐnliào] 인랴오 음료수

□ 宴会 [yànhuì] 옌후이 연회

□ 酒友 [jiǔyǒu] 지우요우 술친구

□ 酒席 [jiǔxí] 지우시 주연

□ 蒸馏 [zhēngliù] 정리우 증류

□ 无酒精饮料 [wújiǔjīngyǐnliào]
우지우징인랴오 알코올성분이 없는 음료

□ 发誓戒酒 [fāshìjièjiǔ] 파스지에지우 금주의 맹세

chapter 3

호텔(酒店)

□ **豪华酒店** [háohuájiǔdiàn]
하오화지우디엔 호화호텔

□ **汽车旅馆** [qìchēlǚguǎn] 치처뤼관 모텔

□ **客栈** [kèzhàn] 커잔 여인숙

□ **前台** [qiántái]
치엔타이 프런트

□ **大堂** [dàtáng] 따탕 로비

□ 接待员 [jiēdàiyuán] 지에따이위엔 접수계원

□ 出纳员 [chūnàyuán] 추나위엔 출납원

□ 服务员 [fúwùyuán] 푸우위엔 사환

□ 叫醒服务 [jiàoxǐngfúwù] 쟈오싱푸우 모닝콜

□ 桑拿 [sāngná] 상나 사우나

□ 走廊 [zǒuláng] 조우랑 복도

□ 行李寄存处 [xínglǐjìcúnchù] 싱리지춘추 물품보관소

□ 单人间 [dānrénjiān] 딴런지엔 1인실

□ 双床房 [shuāngchuángfáng] 솽촹팡 트윈룸

□ 大床房 [dàchuángfáng] 따촹팡 더블룸

□ 套房 [tàofáng] 타오팡 스위트룸

□ 入住 [rùzhù] 루주 체크인

□ 退房 [tuìfáng] 투이팡 체크아웃

□ 空房 [kōngfáng] 콩팡 빈방

□ 房间部的女服务生 [fángjiānbùdenǚfúwùshēng] 팡지엔뿌더뉘푸우셩 객실 담당 메이드

〈관련어〉

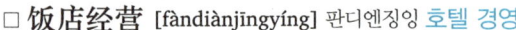

□ 饭店经理 [fàndiànjīnglǐ]
판디엔징리 호텔 지배인

□ 饭店经营 [fàndiànjīngyíng] 판디엔징잉 호텔 경영

□ 男服务员 [nánfúwùyuán] 난푸우위엔 급사

□ 乡村客栈 [xāngcūnkèzhàn] 샹춘커잔 시골의 여인숙

□ 经营宾馆 [jīngyíngbīnguǎn] 징잉빈관 호텔을 경영하다

□ 住宿 [zhùsù] 주수 숙박하다

□ 酒店员工 [jiǔdiànyuángōng]
지우디엔위엔꽁 호텔종업원

□ 酒店职员 [jiǔdiànzhíyuán] 지우디엔즈위엔 호텔 사무원

□ 客房服务员 [kèfángfúwùyuán] 커팡푸우위엔 객실담당자

□ **青年旅馆** [qīngniánlǚguǎn] 칭니엔뤼관 유스호스텔

□ **青年旅馆入住者** [qīngniánlǚguǎnrùzhùzhě]
칭니엔뤼관루주저 유스호스텔 숙박자

□ **住宿加早餐** [zhùsùjiāzǎocān] 주수쟈자오찬 아침밥 제공

□ **市中心** [shìzhōngxīn] 스종신 번화가

□ **客房服务** [kèfángfúwù] 커팡푸우 룸 서비스

□ **服务收费** [fúwùshōufèi] 푸우쇼우페이 서비스료

□ **前台** [qiántái] 치엔타이 프런트

□ **小费** [xiǎofèi] 샤오페이 팁

□ **预订** [yùdìng] 위딩 예약

□ **公寓式酒店** [gōngyùshìjiǔdiàn]
꽁우스지우디엔 아파트식 호텔

chapter 4 집(房子)

□ 屋顶 [wūdǐng] 우딩 지붕

□ 阁楼 [gélóu] 거로우 다락

□ 门洞 [méndòng] 먼똥 현관

□ 窗户 [chuānghu] 촹후 창문

□ 草坪 [cǎopíng] 차오핑 잔디밭

□ 篱笆 [líba] 리바 울타리

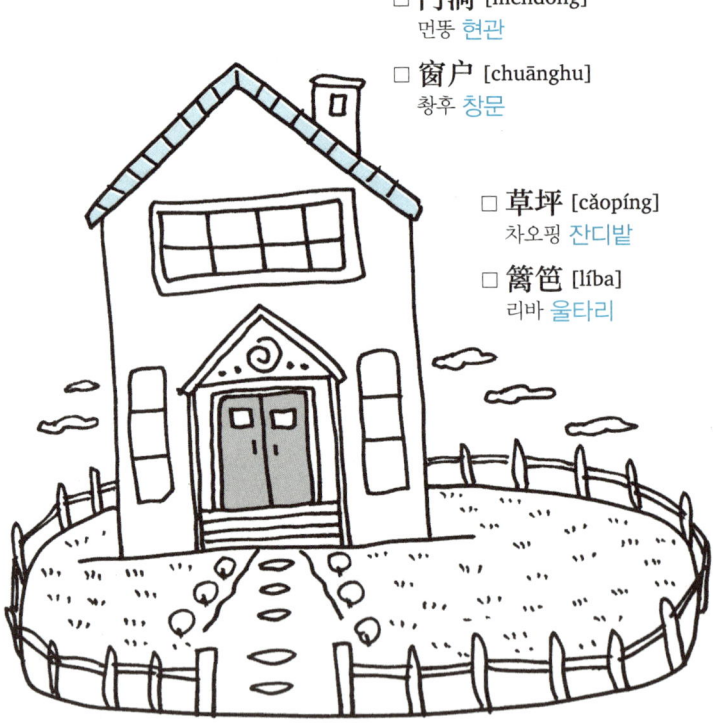

□ 院子 [yuànzi] 위엔즈 안마당

□ 庭院 [tíngyuàn] 팅위엔 정원

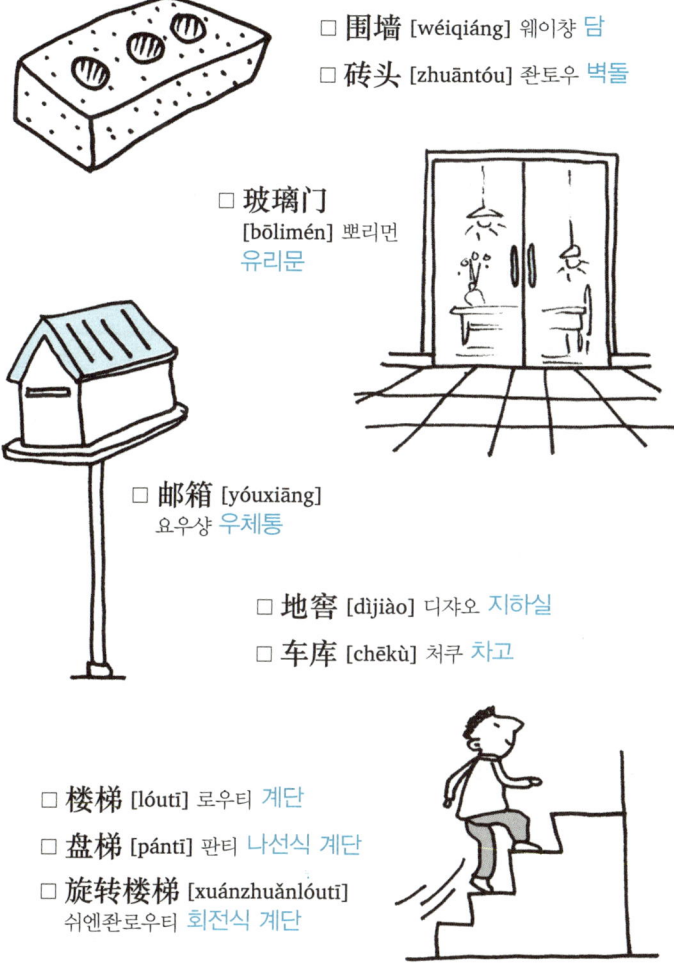

□ 围墙 [wéiqiáng] 웨이챵 담

□ 砖头 [zhuāntóu] 좐토우 벽돌

□ 玻璃门
[bōlimén] 뽀리먼
유리문

□ 邮箱 [yóuxiāng]
요우샹 우체통

□ 地窖 [dìjiào] 디쟈오 지하실

□ 车库 [chēkù] 처쿠 차고

□ 楼梯 [lóutī] 로우티 계단

□ 盘梯 [pántī] 판티 나선식 계단

□ 旋转楼梯 [xuánzhuǎnlóutī]
쉬엔좐로우티 회전식 계단

403

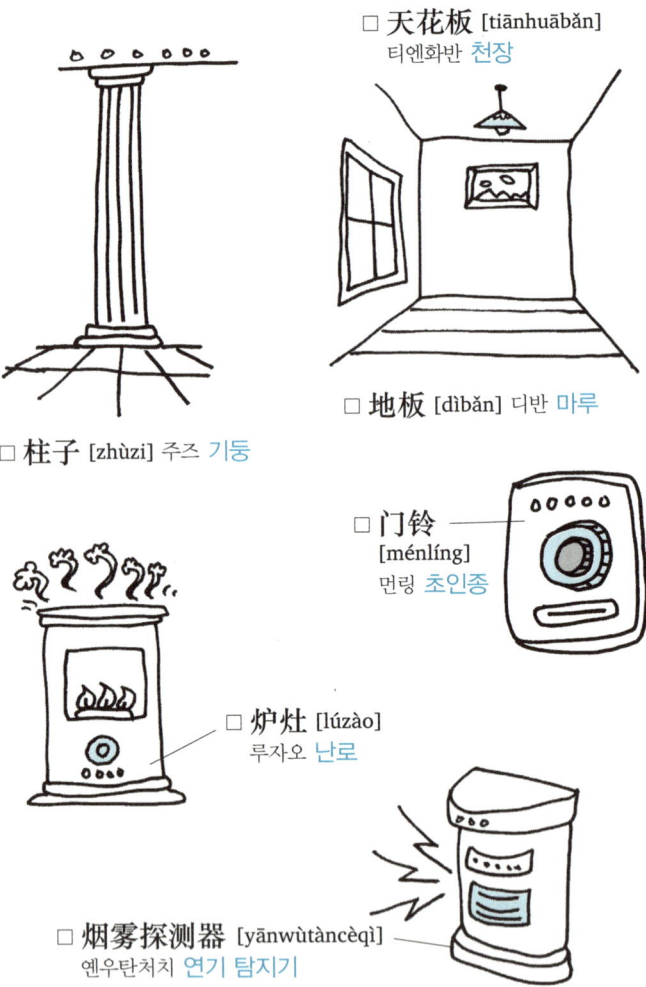

□ **天花板** [tiānhuābǎn]
티엔화반 천장

□ **地板** [dìbǎn] 디반 마루

□ **柱子** [zhùzi] 주즈 기둥

□ **门铃**
[ménlíng]
먼링 초인종

□ **炉灶** [lúzào]
루자오 난로

□ **烟雾探测器** [yānwùtàncèqì]
옌우탄처치 연기 탐지기

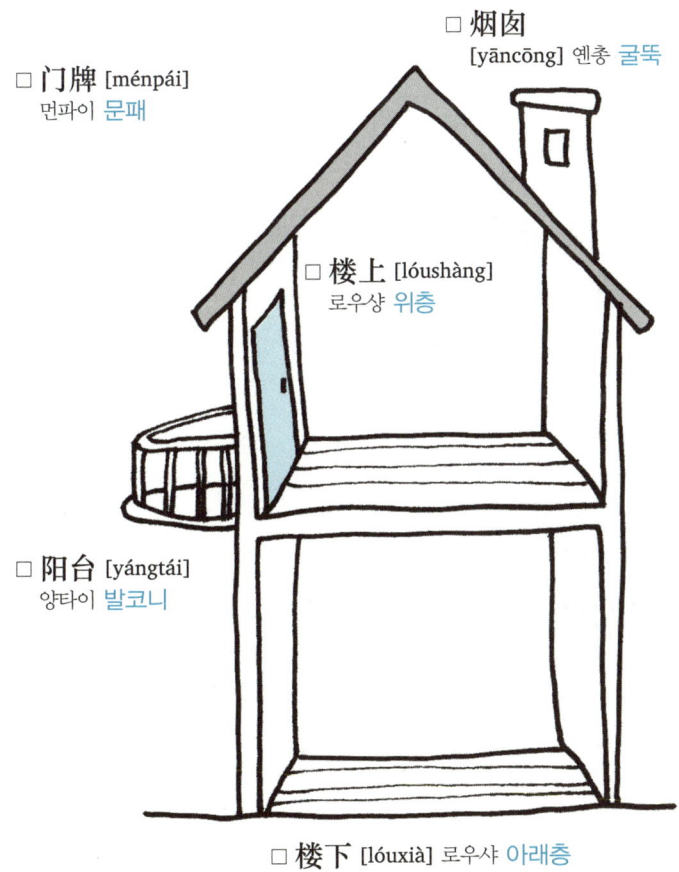

□ 烟囱
[yāncōng] 옌총 굴뚝

□ 门牌 [ménpái]
먼파이 문패

□ 楼上 [lóushàng]
로우샹 위층

□ 阳台 [yángtái]
양타이 발코니

□ 楼下 [lóuxià] 로우샤 아래층

〈관련어〉

□ 门 [mén] 먼 문

□ 门洞 [méndòng] 먼똥 현관

□ 仓库 [cāngkù] 창쿠 창고

□ 住地 [zhùdì] 주디 거주지

□ 公寓 [gōngyù] 꽁위 분양아파트

□ 公寓大楼 [gōngyùdàlóu] 꽁위따로우 아파트단지

□ 住宅区 [zhùzháiqū] 주자이취 주택단지

□ 单元房 [dānyuánfáng] 단위엔팡 공동주택

□ 安居房 [ānjūfáng] 안쥐팡 (저소득층용)공동주택

□ **家仆** [jiāpú] 쟈푸 (집 · 호텔 등의) 잡일꾼

□ **歹徒** [dǎitú] 다이투 강도

□ **大扫除** [dàsǎochú] 따사오추 대청소

□ **房屋税** [fángwūshuì] 팡우쉐이 가옥세

□ **住房短缺** [zhùfángduǎnquē] 주팡두안취에 주택난

□ **家族** [jiāzú] 쟈주 가족

□ **找房子** [zhǎofángzi] 쟈오팡즈 셋집 구하기

□ **房租** [fángzū] 팡주 집세

□ **押金** [yājīn] 야진 보증금

□ **租赁** [zūlìn] 주린 차용계약

□ 房客 [fángkè] 팡커 세입자

□ 房东 [fángdōng] 팡동 집주인

□ 房地产 [fángdìchǎn] 팡디찬 부동산

□ 动产 [dòngchǎn] 똥찬 동산

□ 离宫 [lígōng] 리꽁 별궁

□ 单门独户 [dānméndúhù] 단먼두후 단독주택

□ 豪华宅第 [háohuázháidì] 하오화자이디 대저택

□ 独居 [dújū] 두쥐 원룸

□ 低层小区住宅 [dīcéngxiǎoqūzhùzhái]
디청샤오취주자이 연립주택

□ 木屋 [mùwū] 무우 목조가옥